教育部人文社会科学研究规划基金项目（项目编号：17YJAZH009）
湖南省教育厅资助科研项目优秀青年项目（项目编号：19B387）
资助出版

中国区域经济协调发展机制研究

Research on the Coordinated Development Mechanism of Regional Economy in China

陈　昭　周嘉懿　田超琼　许茂玲◎著

经济管理出版社
ECONOMY & MANAGEMENT PUBLISHING HOUSE

图书在版编目（CIP）数据

中国区域经济协调发展机制研究/陈昭等著．—北京：经济管理出版社，2021.4
ISBN 978－7－5096－7937－1

Ⅰ.①中…　Ⅱ.①陈…　Ⅲ.①区域经济发展—协调发展—研究—中国　Ⅳ.①F127

中国版本图书馆 CIP 数据核字(2021)第 075673 号

组稿编辑：郭丽娟
责任编辑：魏晨红
责任印制：黄章平
责任校对：王淑卿

出版发行：经济管理出版社
（北京市海淀区北蜂窝 8 号中雅大厦 A 座 11 层　100038）
网　址：www. E－mp. com. cn
电　话：（010）51915602
印　刷：唐山玺诚印务有限公司
经　销：新华书店
开　本：720mm×1000mm/16
印　张：13.25
字　数：202 千字
版　次：2021 年 5 月第 1 版　2021 年 5 月第 1 次印刷
书　号：ISBN 978－7－5096－7937－1
定　价：88.00 元

摘　要

产业转移是西部大开发战略提出以来国内区域经济学家及相关领域学者所关注的热点问题，推进产业有序转移是实现区域协调发展的有效途径。国家主席习近平（2017）提出要强化措施推进西部大开发，促进区域协调发展。

本书分为上、中、下三篇：

上篇研究中国西部地区承接产业转移的能力和前景。以测度西部地区（除西藏外）11 个省份承接产业转移能力为核心，进而探讨如何利用各地区的承接优势，精确打造承接平台和载体，推动西部地区产业优化升级，促进区域协调发展。首先，整理分析了产业转移和承接产业转移能力的研究成果及理论，提出本篇的研究主题；其次，以社会固定资产投资额、GDP、吸收内外资规模等为参考指标，对比分析了西部地区承接产业转移的现实基础；再次，借助 IBM SPSS Statistics，运用因子分析法，选择了 25 项指标对西部地区承接产业转移能力进行定量分析，得出不同省份承接产业转移四项分解能力和综合能力的得分及排序，在此基础上运用聚类分析法将西部地区分为三类地区，分别是承接产业转移能力强的地区、弱的地区和最弱的地区；最后，对三类地区分别提出了完善、增强和建设承接产业转移能力的针对性建议。

中篇研究产业政策对区域经济协调发展的影响。从中观角度基于 1999～2010 年中西部地区 165 个地级市面板数据，利用双重差分倾向得分匹配法（PSM－DID）验证西部地区承接产业转移对地区经济增长的影响。实证研究表明，西部地区承接产业转移未能有效推动西部地区经济快速增长，落入了“政策陷阱”之中，在既有体制激励下，国家和地方政府都过度集中于固定资产投资和资源能源开发领域，忽视了产业结构内部的调整优化，造成产业结构调整滞后，西部地区承接产业转移的政策效应没有得到有效发挥。从微观角度基于 A 股上市企业 2001～2013 年的财务数据，运用双重差分模型实证检验了产业政策的实施对企业投资行为的影响并且依据中介效应模型的检验程序对其内部机理进行了深入检验。

下篇研究贸易政策与结构变化对区域经济协调发展的影响。从省级角度，基于西部地区 2000～2018 年时间序列数据以及西部地区 10 个省份的面板数据，对进出口贸易结构与产业结构变化效应进行测度。基于面板数据与多期双重差分方法分析国家级新区对地区经济发展的异质性影响。基于 2003～2016 年省级季度面板数据，利用 PSM－DID 政策效应评估方法分析自由贸易试验区的设立是否产生显著的正向经济效应。进一步验证自由贸易区对经济增长的地区异质性，对比分析上海、天津、福建、广东四个自由贸易试验区产生的“制度红利”。最后，运用双重差分模型评估中国加入区域贸易协定对产业升级的影响并对其作用机制进行深入研究。运用断点回归方法区分上市企业与非上市企业，分析企业的异质性，通过分组讨论国有企业、民营企业与外资企业，进一步分析企业的异质性，为区域经济协调发展提供产业政策、贸易政策变化影响的理论和实证效果指导。

关键词　西部地区；产业转移；贸易政策；区域经济协调发展；PSM－DID 模型

ABSTRACT

Industrial transfer is a hot issue of concern to domestic regional economists and scholars in related fields since the introduction of the Western Development Strategy. Promoting the orderly transfer of industries is an effective way to achieve coordinated regional development. President Xi Jinping (2017) proposed to strengthen measures to promote the development of the western region and promote regional coordinated development. The main body of industrial transfer includes industrial transferors and industrial undertakers. The western region is an important industrial transfer ground. Correct understanding of the ability to undertake industrial transfer is conducive to the provinces in the western region to seize opportunities and effectively introduce industries suitable for local economic development. Make its own industrial structure optimized and upgraded.

This paper takes the measurement of the ability of the 11 provinces in the western region (excluding Tibet) to undertake industrial transfer, and then explores how to take advantage of the advantages of each region, accurately build the platform and carrier, promote the optimization and upgrading of the western region, and promote regional coordinated development. Firstly, it sorts out the research results and theories of industrial transfer and the ability to undertake industrial transfer, and puts forward the research theme of this paper. Secondly, it takes the social fixed assets investment, GDP, and the scale of domestic and foreign investment as reference indicators to compare and analyze the basis of industrial transfer in western region. Thirdly, with the help of IBM SPSS Statistics, using factor analysis method, 25 indicators were selected to quantitatively analyze the ability of undertaking industrial transfer in the western region, and the scores and rankings of four provinces to undertake four decomposition and comprehensive capabilities of industrial transfer were obtained. The cluster analysis method is used to divide the western region into three types of regions, namely, regions with strong, weak and weakest industrial transfer capability. Finally, targeted recommendations for the three regions to improve, strengthen and construct industrial transfer capabilities are proposed.

Keywords western region; industrial transfer; trade policy; coordinated development of regional economy; PSM – DID model

目 录

上篇 中国西部地区承接产业转移的能力和前景

中篇 产业政策对区域经济协调发展的影响

上篇

中国西部地区承接产业转移的能力和前景

1　绪论

1.1　研究背景及意义

产业转移是指某些产业由某些地区或国家转移到另一些地区或国家（卢根鑫，1994），包括时间和空间两个维度的动态变化过程（陈建军，2002），这种转移既可以发生在国际间，也可以在同一国家的不同区域间有序接替（蔡昉，2009）。中国地域广，人口多，地区间资源要素和发展阶段的差异，丝毫不小于国家之间的差异（蔡昉、王德文和曲玥，2009）。20 世纪以来，中国出现过三次较大规模的产业转移，其中，“抗战”和“三线”建设时期的产业转移都是在战争环境下被动进行的，统筹区域经济发展不是主要目的，“西部大开发”以来的产业转移则是我国实施非均衡发展战略的重要一步。

我国西部地区要素成本低、资源丰富、市场潜力大，要积极发挥优势，承接国内外产业转移，这不仅有利于促进区域经济协调发展，加速西部地区新型城镇化和工业化进程，而且有利于推动东部沿海地区经济转型升级，优化全国范围内的产业分工格局（《国务院关于中西部地区承接产业转移的指导意见》，2010）。党的十九大报告提出实施区域协调发展战略，需强化措施推进西部大开发形成新格局，发挥优势推动中部地区崛起，创新引领率先实现东部地区优化发展，推进产业有序转移则是区域经济协调发展的重要途径（《“十二五”国家战略性新兴产业发展规划》，2012）。政府将继续坚持重大基础设施向中西部地区倾斜，推动加工贸易向中西部梯度转移（李克强，2018）。

随着“西部大开发”战略的推进，要素流动在市场机制的引导下愈发活跃，在一定程度上促进了东部地区产业升级和西部地区工业发展。产业转移作为国民经济建设的重大战略之一，在今后一段时间内还需要国家、地方政府及企业的大力支持和贯彻落实，通过研究发现，西部地区在承接产业转移的过程中还存在一些亟待解决的现实问题。

一方面，西部地区各级政府积极响应中央经济发展战略，为承接产业转移和促进产业升级提出了各项规划和方案，尤其在政策支持和税收优惠方面下力。在这种情况下，各地方政府可能以当地经济发展为目标，盲目竞争，抢夺转移的产业，这会造成不同程度的重复建设和资源浪费，不利于产业的长期发展。另一方面，企业作为产业转移的主体，按照市场规律选择产业转移的承接区域时，不可避免受到政策支持与税收优惠等条款的影响和诱惑，而忽略了产业长期发展的其他因素，如市场环境、资源禀赋、产业聚集度等。综上所述，产业转移和承接已上升至国家发展战略的高度，是缩小东西部地区差距和促进东西部地区经济发展的必然选择，若地方政府或企业对承接地的承接能力认识不清或评估不足，进而盲目选择，则会使产业转移的效应大打折扣，不利于产业的长期发展。因此，对西部地区承接产业转移的能力做出客观分析，一是对国家规划产业布局和地方政府厘清承接产业的思路、制定和实施提高产业承接能力的政策措施提供一定的参考；二是为企业产业转移时的区位选择提供一定的参考，从而有利于实现西部地区产业调整升级，企业竞争力增强。

1.2 文献回顾

关于产业转移的系统研究，最早形成于20世纪30年代，经过几十年的发展，国内外已积累了丰硕的研究成果。现有关于产业转移的研究，主要回答了以下三个问题：产业转移是否发生、产业转移的次序以及产业转移的区位选择。通过检索中国知网（CNKI）发现，国内外关于承接产业转移能力的研究相对较少，目前还未形成统一的标准评价体系。

1.2.1 关于产业转移是否发生

1966 年，哈佛大学的雷蒙德·弗农（Raymond Vernon）在美国《经济学季刊》上发表了《产品周期中的国际贸易与国际投资》一文，以美国为例进行分析，奠定了产品生命周期理论的基础。雷蒙德·弗农认为，每一种产品都要经历新产品阶段、成熟产品阶段、标准化产品阶段，产品生命周期的变动是产业转移的推动因素。在发明创新上具有优势的国家或地区可以在发明新产品后的一段时期内占有优势，并成为该产品的出口国，但新产品进入市场后会被仿造，模仿国凭借低要素成本获得比较利益，创新国的优势消失，逐渐从出口国或地区变为进口国或地区，从而实现了有关产业向后进国的转移。简言之，为节约成本、提升竞争力，当一种产品处于成熟阶段时，其生产往往会从发达国家向较发达国家转移；而当该种产品处于标准化阶段时，其生产往往会从较发达国家向欠发达国家转移。作为产业转移的基本理论之一，产品生命周期理论主要立足于产业转出区的情况进行分析。然而该理论将国家抽象为区位，忽略了空间的距离和大小，导致其对国内产业转移现象的解释力减弱。郑鑫、陈耀（2012）在已有产业转移理论的基础上，将运输费用、需求分布等空间变量引入产业转移模型，使用该模型分析中国实情，发现在其他条件不变的情况下，运输费用的下降和内需的扩大将提高产业转移的动力。

20 世纪 60 ~ 70 年代，在产品生命周期理论的基础上，区域经济学家克鲁默（1975）、海特（1975）等创立了区域发展梯度理论，后又有不少学者对该理论进行了补充解释。迈达尔（1957）与赫希曼（1958）详述了经济发展不平衡理论，迈达尔（1957）还倡导将经济不平衡增长看作经济增长的最佳方式。梯度理论认为无论是国家间还是一国范围内，经济发展在客观上都存在技术梯度差异，技术梯度差异会促使产业发生空间转移。也就是，高梯度地区不断创新，并通过向外扩散求得发展；中、低梯度地区接受扩散机会取得发展。随着研究的推进，技术梯度逐渐被产业梯度概念取代，并形成了产业梯度转移理论。不同地区的产业梯度取决于该地区的产业结构状况及创新水平，两个地区间存在产业梯度，产业就自然而然会从高梯度地区向低梯度地区转移。20

世纪80年代梯度理论初次引入我国，夏禹龙、刘吉等（1983）首次使用了“梯度理论”，他们指出，我国经济发展不平衡的特点使之形成了技术梯度，也就是有的地区是“先进技术”，有的地区是“中间技术”，有的地区还是“传统技术”，我们应该让一些有条件的地区掌握世界先进技术，然后逐步向“中间技术”地区、“传统技术”地区转移，逐步缩小各地区间的差距。“梯度理论”的提出对我国政府的决策、区域经济的实际发展和产业布局产生了重大影响（朱新天、詹静，1993），其中“西部大开发”战略的提出和实施就是“梯度理论”最典型的运用。颜银根（2017）通过构建农村劳动力跨区转移的空间经济模型，采用面板和双重差分估计方法验证了农村剩余劳动力转移培训对产业转移的效应，研究发现通过改变现有的补助方式，由向政府培训提供补助转为向企业培训提供补助，农村剩余劳动力培训能有效促进产业转移。刘友金、曾小明（2018）针对当前房产税这一热点问题，采用合成控制法评估了房产税政策对产业转移的影响，研究发现，在房价水平相对低、工业化水平处于中期的城市（以重庆市为例）征收一定强度的房产税，能有效促进工业、服务业往本地转移。

1.2.2 关于产业转移的次序

美国经济学家阿瑟·刘易斯（1977）在《国际经济秩序的演变》中分析了“二战”以后一些发达国家将某些劳动密集型产业转移到发展中国家的现象。刘易斯认为，发达国家由于人口自然增长率的下降，非熟练劳动力不足，进而引起劳动力成本上升，这种成本的变化导致其在劳动密集型产品生产上的比较优势丧失，最终发达国家将部分劳动密集型产品转移到发展中国家生产。劳动密集型产业转移理论实际是建立在赫克歇尔—俄林的要素禀赋理论基础之上，认为产业转移主要由两国非熟练劳动的丰裕程度决定，由于当时的条件限制，刘易斯未建立起完整的产业转移理论。产业大致可分为劳动密集型、资源密集型、资本密集型、技术密集型和知识密集型五种（晓林，2009），刘易斯提出的劳动密集型产业首先进行转移的必然性虽有一定的局限性，但为我们提供了一种理论思路。

20 世纪 30 年代，日本经济学家赤松要（1932）以日本经济发展为例，论证了日本纺织业从进口、本国生产到出口的发展过程，并首次提出了“雁阵发展模式”，即经济发达地区为领头雁、较发达地区为中雁、欠发达地区为尾雁。经济发达地区积极发展技术密集型和知识密集型产业，同时把相对成熟的产业依次转递给较发达和欠发达地区，因而形成了一个“雁阵”。后又被引申用于解释东南亚国家国际分工和产业结构的变化过程，为分析国家产业发展趋势开辟了一条新的思考路径。在“雁阵发展模式”的基础上，小岛清（1978）进一步提出了“边际产业扩张理论”，认为对外直接投资应该从投资国的边际产业开始，即从投资国已经或即将处于比较劣势的产业依次进行，基本遵循产业演进的次序，即按资源、劳动密集型产业，资本密集型产业，技术、知识密集型产业的顺序进行，从而达到扩张边际产业的目的。小岛清的分析主要是以 20 世纪 60 ~ 70 年代日本几个传统工业部门的数据为基础，并集中在劳动力低廉的东南亚地区，因此受到了一些质疑。但是该理论对我们正确认识发达国家和我国产业转移的行为有一定的启示和帮助（刘详生，1992）。

雁阵发展模式的产业转移是建立在比较优势的基础上，即随着人均收入水平的提高，资源要素禀赋发生改变，产业结构会形成相应的重新配置，因此一旦比较优势发生变化，经济整体即进入新的发展阶段（蔡昉、王德文和曲玥，2009）。我国幅员辽阔，人口众多，地区之间资源禀赋和发展水平均存在较大差距，因此“雁阵发展模式”完全可以在国内各地区间得到延续。东部地区坚持自主创新，加快产业结构升级，与此同时，中西部地区凭借丰富的劳动力资源和相对低廉的土地成本，承接从东部地区转移出来的劳动密集型产业，由此形成产业优化升级与扩大就业的统一（蔡昉，2009）。李绍荣、李雯轩等（2018）利用中国工业企业数据库数据分析各省份优势产业的变化，研究发现技术水平的差异造成地区间产业集群的类型各不相同，不同技术水平的产业在地区之间呈梯度分布，东部沿海地区依旧是技术水平最高的地区，为提升产业结构，缩小地区间经济水平发展的差距，不同地区应该按照要素禀赋和优势产业选择产业升级路径。

1.2.3 关于产业转移的区位选择

“雁阵发展模式”产业转移理论认为，经济发达地区的成熟产业，首先通过贸易、投资、技术转移等传递给经济较发达地区，而后再转移到经济欠发达地区。小清岛提出的“边际产业扩张理论”不仅指出发达国家或地区首先从边际产业开始向外转移，而且提出应该先对技术差异最小的国家或地区进行转移。1977 年，英国经济学家约翰·邓宁（John Dunning）将对外投资的目的、条件、能力分析以及投资区位分析综合起来，提出了“国际生产折衷理论”，认为产业转移的区位选择，通常是按照转入地区经济发展水平的高低依次转入，即产业先转入经济水平与母国或地区差异相对小的地区，这些国家或地区承接相应产业的能力与投资环境较好；随着第一批承接地区生产成本逐渐上升，比较优势逐渐消失后，产业又会向发展水平更低的国家或地区进行转移，从而形成了产业转移的梯度序列。

改革开放以来，我国东部地区和中西部地区经济发展水平持续扩大，随着东部地区劳动力成本和生产成本的增加，不少企业选择将生产迁移至成本相对低的中西部地区，进而带动了一些产业从东部往西部地区转移。冯根福（2010）等对 1993 ~ 2006 年我国东西部地区间工业产业转移的趋势进行了分析，结果发现：截至 2006 年，我国东、中、西部地区只发生了部分相对产业转移。而后，林桂军、黄灿（2013）分析了 2005 ~ 2011 年东部地区向中西部地区的转移趋势，结果显示：东部多数出口产业向中西部地区发生了相对转移。与以上研究不同的是，李勇（2015）借鉴刘红光、刘卫东等（2011）以投入产出模型来定量测算产业转移趋势的方法，对中国 2002 ~ 2012 年的投入产出数据进行了研究分析，结果发现：2007 年以来，产业转移主要发生在沿海地区之间，之后开始向中西部地区扩散。面对变化中的世界经济形势，中国于 2013 年提出了“一带一路”倡议，希望通过国际产业转移实现国内产业结构转型升级。张理娟、张晓青等（2016）结合引力模型和结构相似系数分析了中国对于“一带一路”沿线国家产业转移的区位选择，在综合考虑产业结构及发展基础、与沿线国家产业转移的引力、产业结构相似性的基础上，发现最适合承接中国产业转移的国家有泰国、菲律宾、越南、印度尼西亚等。

1.2.4 关于承接产业转移的能力

国内外学者对承接产业转移的原因、影响因素及效应等的研究相对丰富，关于承接产业转移能力的研究则相对较少。Sanjaya Lall（1983）提出发展中国家有效地将技术知识本土化，将会更容易吸引外国资本流入。Leonard K. Cheng、Yum K. Kwan（2000）对国家宏观数据采用动态面板估计法，研究发现中国政府的政策对承接产业转移的能力有显著影响。Jouke van Dijk、Piet H. Pellenbarg（2000）对荷兰企业进行研究发现，承接发达地区产业转移时，仅靠廉价劳动力和土地已远远不够；相反，金融等方面服务条件的改善在一定程度上能提升承接产业转移的吸引力。Ashcroft、Tailor（2004）运用时间序列模型研究发现，承接地的投资政策对转出方能产生较大吸引力，因此得出了投资政策是影响产业承接力的重要因素这一论断。

相较于国外学者，国内关于承接产业转移能力的研究起步相对较晚，展宝卫等（2006）在《产业转移承接力建设概论》中首次系统地研究了产业转移承接力的问题，认为产业转移承接力包含吸引力、选择力、支撑力和发展力，并由动力机制、传导机制和实现机制相互协同作用推动。此后，又有不少学者在此基础上进行补充和完善。苏华等（2011）将产业承接能力定义为一个国家或地区在一定时期内，在一定产业基础、资源和劳动力等条件下所具备的吸引接纳转移产业并使其得以存续的产业吸引能力、产业选择能力和产业支撑能力。并从吸引能力、选择能力和支撑能力三个层面选取了48个指标，运用熵值法对各地区产业承接力进行量化分析，指出区域间的差异呈板块分布。罗若愚、何慧玲等（2014）对西部地区86个地级市进行了聚类分析，研究发现影响产业转移区位选择的因素对产业承接能力也有重要影响。吴传青、陈晓（2017）借助基于FAHP和CRITIC法组合赋权的灰色关联投影模型和GIS空间分析法，定量测评长江经济带中上游地区的83个城市，研究发现各城市承接产业转移的能力差异显著，并提出要促进基础设施共建共享，建设承接产业转移平台。赵宏波等（2017）综合运用多因素综合评价法、GIS空间分析技术、最小相对信息熵组合赋权法对河南省 18 个地级市进行分析，研究发现在时间上，河南省承接产业转移的能力不断增强；在空间上，呈现出中间高两边低的分布格局。最后从基础设施建设、经济开放程度、自主创新能力、产业结构和城镇化建设五个方面提出了建设承接产业转移能力的具体措施。

综观国内外的研究文献，大多从移出方或移出区域的角度出发，对从承接方或承接区域出发研究产业转移能力的研究相对较少，且暂未形成体系，因此本篇也是对此领域研究的一个补充和丰富。

1.3 研究内容及方法

本节将详细说明本篇的研究内容、研究方法和研究思路。

1.3.1 研究内容

本篇的内容沿着理论分析—数据分析—对策分析的思路展开，主要分为五个部分，主要研究我国西部地区承接产业转移的能力大小或是否具有发展前景。

第 1 章为绪论。本章旨在介绍本篇的研究背景、意义，概述本篇的主要内容、研究方法、技术路线以及当前研究现状，本篇通过对研究产业转移的国内外文献进行整理，分别从是否发生产业转移、产业转移的顺序、产业转移的区位选择和承接产业转移的能力四个角度，对现有文献进行综述。对国内外相关文献的梳理与回顾，为后续章节分析西部地区承接产业转移的能力与前景提供了思路。

第 2 章为产业承接能力的理论分析。包括产业转移理论，承接产业转移能力的界定及影响因素。

第 3 章为西部地区承接产业转移的现实基础。包括对比分析西部地区各省份经济发展水平、资源丰裕程度和吸收内外资的规模等。

第 4 章为西部地区承接产业转移能力研究分析。在产业转移理论的基础上，提出承接产业转移能力指标的构建标准及如何通过因子法构建指标体系；运用因子分析法，对西部各省份承接产业转移的能力进行对比排序，然后对构建的指标体系进行细化分析；通过聚类分析法将西部地区分为三个层次，为后文提出政策建议提供参考。

第 5 章为西部地区提升承接产业转移能力的对策。在以上章节的基础上，根据第 2 章提出的影响承接产业转移能力的因素，提炼出可供其他省份参考的用于提升承接产业转移能力的具体措施，或指出西部地区某些省份承接产业转移能力的弱项并提出相应的对策建议。

1.3.2 研究方法

本篇综合运用以下几种方法分析 2010 年以来西部地区承接产业转移能力与前景，并据此提出相应的政策建议，力争提高研究的完整性和可信度，具体方法如下：

1.3.2.1 文献研究法

通过查阅、整理大量文献资料，加深对产业转移理论的理解。通过对国内外相关研究的总结评述，一方面找到了借鉴之处，另一方面也发现了这个研究领域内有待补充完善之处，从而厘清本篇的研究方向和重点。

1.3.2.2 定性与定量相结合

本篇通过检索有关数据统计网站和数据库（国家统计局网站、AMS 电子期刊数据库）获取所需数据，对论述提供了强有力的支撑。本篇第 4 章在构建西部地区承接产业转移能力的指标体系时，主要采用的是因子分析法；在分析西部地区承接产业转移能力的现状时，则采用的是定量与定性法相结合，根据指标体系来分析。

1.3.2.3 对比分析法

本篇在分析西部地区承接产业转移的现状时，对西部地区各省从 2009 ~ 2017 年的经济发展水平、固定资产投资规模、要素梯度、承接产业转移规模等进行了横向和纵向对比，从而得出各省的相对发展水平和纵向变化趋势。

1.3.3 技术路线

本篇的技术路线如图 1－1 所示。

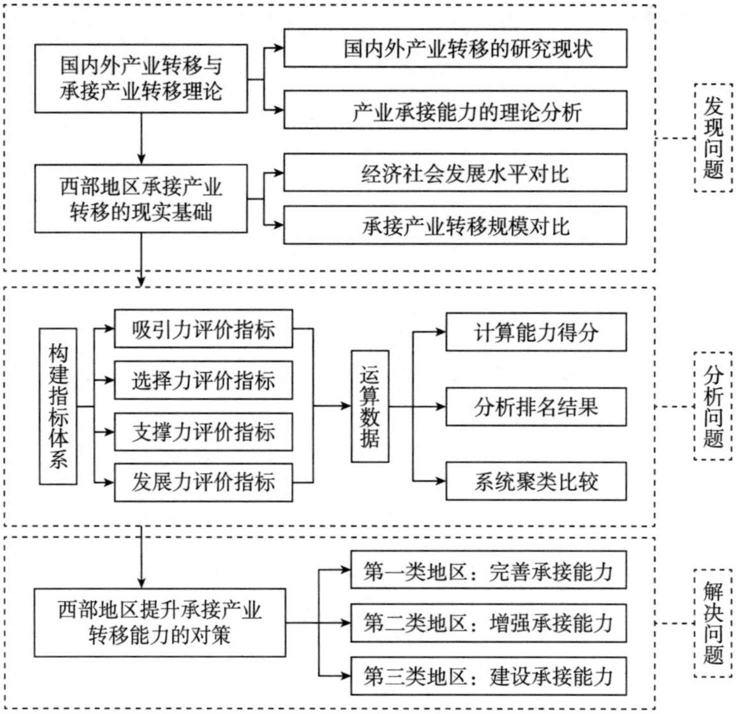

图 1－1　本篇的技术路线

2　产业承接能力的理论分析

产业转移与承接产业转移具有先后关系，即产业出现转移时才需考虑承接产业的区位选择问题，进而需要对不同地区的产业承接能力进行考察分析。因此，在分析区域产业承接能力时，需从产业转移出发，分析其产生的动因及条件。这样才能从根本上得出具体产业转移的内在动因，进而有针对性地分析具体区域的产业承接能力或前景。

本章从产业转移的理论出发，在分析产业转移发生的原因及影响因素基础上，得出影响地区产业承接能力的影响因素。

2.1　产业转移理论

国外关于产业转移的研究起步较早，现已形成较成熟的理论体系，本节将列出应用广泛且具代表性的产业转移理论，并说明产业转移发生的动因，为下文分析做理论基础。

2.1.1　现有的产业转移理论

产业转移最早是由一些发达国家将其劳动密集型或已丧失优势的产业转移到发展中国家。经济学家从 20 世纪初开始对产业转移的动因及影响因素进行研究，并形成了相关理论，比较具有代表性的理论如下：雷蒙德·弗农（1966）通过划分产品的生命周期，提出了生命周期理论，认为产品生命周期的变动引起了产品生产地的变化，进而导致产业在不同国家或地区间进行转移。在此基础上，克鲁默（Krumme）、海特（1975）等创立了区域发展梯度理论，后又有不少学者进行了补充解释，从而形成了较完整的梯度转移理论，即产业按照劳动密集型产业、资本密集型产业、技术密集型产业的顺序依次进行转移和升级。经济学家邓宁（1976）提出的国际生产折衷产业转移理论认为，企业进行产业转移或跨国投资时应具备内部化优势、区位优势和所有权优势等。日本经济学家小岛清（1978）对日本对外投资进行研究后，得出对外投资应首先投资那些即将或已经处于比较劣势的产业，该理论称为边际产业转移理论。美国经济学家阿瑟·刘易斯（1978）从人口自然增长率的角度出发，提出了劳动密集型转移理论，认为随着发达国家人口增长率的下降，非熟练劳动力的减少和劳动力成本的上涨使部分发达国家将其劳动密集型产业转移至发展中国家。

2.1.2 产业转移的动因

结合上述理论和中国经济的实情，可以从以下几个因素分析产业转移发生的动因。

2.1.2.1 产业转型升级

一个国家或地区经济持续不断发展的过程，往往伴随着产业的不断调整升级，即衰退产业的退出和新型产业的引进，以此来促进经济的发展。以我国经济为例，东部地区经济率先发展起来，劳动力成本不断上升，利润率逐渐下降，部分产业进入衰退期，同时由于东部地区经济发展资源的有限性，衰退产业挤占了新兴产业的资源，进而限制了其发展的速度及空间。在这种情况下，衰退产业急需寻找生产成本更低的地区发展以发挥其生产优势和成熟的技术，而新兴企业则需要衰退企业从东部地区往其他区域转移，为其腾出更多的空间和资源，最终达到产业升级和结构调整的目的。因此，产业调整升级是促进产业转移的一个重要因素。汪斌（2001）认为，“二战”后四次国际产业转移的主要动力均来源于世界产业结构的调整升级。

2.1.2.2 要素禀赋差异的变化

由于经济基础、社会文化、历史、地理等因素，许多地区本身的自然资源、资金、劳动力和生产技术等要素的丰裕程度存在较大差异。某些不能或相对不能流动的生产资源，如土地、水资源和矿产资源，而有些生产资源是能够自由流动的，如资金和劳动力，这些要素是否会从一个地区流向另一个地区，主要取决于流动成本与要素成本差异的大小。产业的原始分配并不总是平衡，除了市场因素，企业还需考虑要素成本差异与流动成本的大小，在其他条件相同的情况下，企业往往会选择在要素成本更低的地区进行生产，从而带动某个产业的发展。当某个产业发展起来，若自然环境或经济环境发生永久性的巨大变化，导致生产要素成本或流动成本发生变动，则需面临产业地的重新选择问题，于是便出现产业转移。李国平、杨开忠（2000）综合分析了外商直接投资数据和企业调查结果，研究发现，影响直接投资区位选择的主要因素是劳动力等生产要素成本的变化，改革开放以来，外商对华直接投资空间转移主要受要素成本在区域间的相对变化影响。马子红（2006）认为，在研究我国区际产业转移的动因时，应着重考虑成本因素，包括生产成本、运输成本和制度成本等。以我国经济为例，东部地区制造业先于中西部地区发展起来，随着自然资源的减少、劳动力的流动，生产成本逐渐提高，利润减少，企业不得不寻求新的生产地以降低成本，从而带动了整个产业往其他资源充裕、劳动力成本低的地区转移。

2.1.2.3 比较优势的变化

生产要素禀赋、产业结构以及经济发展水平的差异使不同地区在不同产业具有各自的比较优势，并在一定时期内保持相对稳定。随着市场需求的变化、技术革新进步和相关产业的发展兴起都可能使该地区丧失已有的比较优势。当这种比较优势的变化是不可逆转和具有长期性时，适时地转移该产业，将资源和空间用于发展当前的或潜在的具有比较优势的产业，不仅能保持地区经济的发展活动，还能推进产业不断调整升级。

2.1.2.4 政府的推动力

市场对于经济活动的调节作用是有限的，当出现市场失灵时，通常需要借助政府的力量，或保持经济的均衡，或维持经济增长。因此，在许多国家政府在综合经济发展规律、经济发展现状和发展潜力的基础上，制定和执行相关的产业发展政策，引导产业有序地从一个地区往另一个地区转移，以实现经济长期可持续发展。以我国经济为例，2010 年实施西部大开发政策以来，中央政府制定了不少针对东部地区产业往中西部地区有序转移的政策措施，并取得了显著成效，东西部地区产业结构在一定程度上实现了升级，经济也得到了长足发展。丁辉侠等（2007）运用引力模型，将中国制度作为变量，研究了制度变量作为区位优势对 FDI 的影响，实证结果显示，政策变量对我国吸引外资流入具有正向影响。

2. 1. 2. 5　科技创新力

当今科学技术已然成为经济增长的巨大推动力，而一项技术从研发到测试再应用到实际生产中往往需要耗费一定的时间，过程中所用时间越短，越能加速科技带来的经济效应。根据梯度转移理论，产业转移的次序为劳动密集型产业、资本密集型产业、技术密集型产业。因此，随着科学技术的进步，发达地区率先将其投入生产，在资源有限的情况下，技术密集型产业挤占了劳动密集型产业或资本密集型产业的生产资源和空间，为保证正常生产和利润不下降，企业不得不选择将劳动密集型产品的生产转移到具有比较优势的地区进行生产，从而带动了具体产业的转移。

综上所述，发达地区进行产业转移的动因有产业转型升级、要素禀赋的变化、比较优势的变化、政府的推动力和科技创新力等。张建伟、苗长虹等（2018）通过对河南省 18 个地级市承接产业转移的形成机制和空间差异进行研究，发现政府的政策措施对产业转移的影响较为突出，产业结构对产业转移有负向作用，而人力资本、市场吸引力、聚集效应、成本因素、技术创新能力、对外开放度、经济发展水平、交通区位和产业配套能力对产业转移有正向作用。在了解这些动因以后，我们可以更透彻地理解、分析某个地区具体产业的承接能力。

2. 2　产业承接能力分析

在定量分析承接产业转移能力前，我们需要准确界定承接产业转移的能力以及影响因素，以此作为后文分析的基础。

2.2.1 地区产业承接能力界定

孙世民、展宝卫（2007）提出了“产业转移承接力”的概念，认为“产业承接力是产业承接地集聚转移产业的吸引力、准确甄别转移产业的选择力、稳固接纳转移产业的支撑力和融合提升产业的发展力等多种作用力的综合系统”。本章认为，“产业转移承接力”与“承接产业转移的能力”概念等同。因此，结合以上分析，承接产业转移的能力由以下四种能力构成：承接产业转移吸引力、承接产业转移支撑力、承接产业转移选择力、承接产业转移发展力。

2.2.1.1 承接产业转移吸引力

承接产业转移吸引力是指一个地区吸引转移的产业的能力，主要影响因素包括市场潜力、产业聚集度、要素优势和相关优惠政策等。企业作为产业转移的主体，在选择产业承接地时，通常会综合评价各地区的现状，如市场潜力大小、产业聚集度大小、当地的政策优惠力度、劳动力成本高低、资源充裕程度等。其中的一部分因素是相对固定的，如一定时期内的市场规模或潜力、自然资源的充裕程度；还有一部分因素是动态变化的，如政策支持力度和产业聚集度可通过政府投资或颁布新的政策来建设和加强。

2.2.1.2 承接产业转移支撑力

承接产业转移支撑力是指一个地区对相关产业的承载和支持的能力，主要包括：基础设施承载力、资源承载力、环境承载力和技术承载力。产业转移的主体企业转移到某个区域后，正常生产经营活动需要各个方面的支持，如水电、通信、交通运输、员工和政府支持等，这些方面综合起来便是该区域对产业的支撑力。一个地区若没有较好的承接产业转移支撑力，就算吸引了企业到当地落户，企业也会因为得不到足够的支撑无法正常运转或只能低效率运转，承接产业转移给当地带来的经济效应就会大打折扣。因此，在建设承接产业转移的能力时，应当根据本地区吸引产业的特点努力提升承接产业转移的支撑力，为企业发展提供更好的保障和发展环境。

2.2.1.3 承接产业转移选择力

承接产业转移选择力是指从若干转移产业中评估选择最佳入住者的能力，主要包括信息收集和分析能力、产业评估能力以及决策能力。地区要实现经济可持续发展，就必须谨慎选择承接产业，不合适、非理想的产业转入可能会耗费大量资源，增加环境污染。信息收集和分析的能力主要反映在信息设备、技术、人才的拥有和利用能力，高效、全面的信息收集和分析，为选择承接产业提供了科学参考。对产业的评估能力和决策能力主要反映在决策人才和咨询系统的优劣上，表现为对待转入产业的经济效益、技术水平、现实需求和环境污染等方面进行综合考评，以此作为产业选择的基础和依据。

2.2.1.4 承接产业转移发展力

承接产业转移发展力是指某个地区将承接的产业与当地产业进行融合的能力，即使转入产业在长期发展中规模不断壮大、优势地位不断加强、产业结构不断优化的能力，包括产业协调发展能力、技术创新能力等。产业从一个地区转移到另一个地区后，后者的产业支撑能力使其得到发展，发展到一定阶段后，就需要产业发展能力来支持其规模化的高速发展，产业发展能力不足，产业发展到一定阶段就会再次面临产业转移的问题，从而造成经济效益和成本巨大损失，同时也会给区域带来就业减少、经济效益下降，甚至丧失已具有优势的产业。因此，承接产业转移能力的提升，不仅能为转入的产业保驾护航，提供动力，也能加快当地经济的发展，促进产业结构优化，这也是产业转移的最终目的。

2.2.2 影响产业承接能力的因素

英国经济学家约翰·邓宁（1977）是较早研究产业区位的学者，他将区位优势分成四类：一是市场因素，包括市场规模、市场潜力、同目标客户的关系密切度；二是贸易壁垒，包括关税和非关税贸易壁垒，在一个国家内部就表现为地方政府对经济的保护程度及消费者对不同产品的偏好程度；三是成本，包括从产地到市场和原材料地的距离、运输成本和劳动力成本等；四是投资环境，包括政策的稳定性和政府效率。后来，邓宁又进一步将区位优势概括为资源要素禀赋和空间分析；劳动力、原材料等生产要素的价格和质量；通信和运输成本；投资激励和投资限制因素；基础设施条件，如交易、法律、商业等；语言文化差异；经济体制、资源配置模式和政府政策等。劳尔·普雷维什（1991）提出，发展中国家基于国家发展的压力和战略角度考虑，实行国家工业化来代替进口品的政策。彼得等（2000）认为，要素成本、集聚经济效应、政府公共政策是影响产业转移能力的三个重要因素。以上学者的成果对研究区域承接产业能力的影响因素有很好的借鉴意义，在分析区域产业承接能力时，以上四个方面交叉重叠受到许多变量的共同影响，例如资源禀赋技能影响产业发展能力也能影响产业吸引能力。因此，需要对各变量因素进行分解，进而评价和建设产业承接能力。

综上所述，影响地区产业承接能力的因素有：一是成本因素，包括劳动力和原材料成本；二是市场因素，包括市场规模和潜力；三是基础设施，包括运输和通信；四是技术水平，包括人才状况和科研投入情况；五是产业聚集度，包括同行业企业及上下游企业的数量和规模；六是投资环境，包括政策支持和政府服务水平；七是资源状况，包括矿产资源、水资源、劳动力资源等。如图2-1所示。

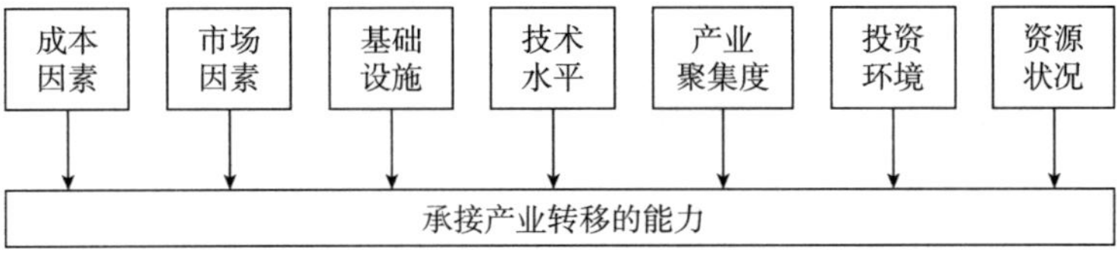

图2-1 影响产业承接能力的因素

3 西部地区承接产业转移的现实基础

本章将参考国家统计局对东、中、西部地区的划分标准，西部地区包括陕西、甘肃、青海、宁夏、新疆、四川、重庆、广西、云南、贵州、西藏、内蒙古，共12个省份，土地面积共681万平方千米，占全国面积的71%，地区跨度大，不同省份经济基础差距较大，因此，本章将在产业转移理论和承接产业转移能力研究的基础上，对西部地区各省份经济发展现状和承接产业转移的现状作对比分析，为后文研究奠定基础（由于西藏地区数据缺失严重，故本章暂不对其进行讨论）。

3.1 西部地区经济发展对比分析

2018年是我国改革开放40周年，40年间西部地区的经济在政府政策支持和自身努力下取得了长足进步，但同时也要看到区域间发展不平衡的问题。2008年金融危机的爆发给中国带来了较大影响，社会经济发展水平在事件发生前后差别较大，因此，选取了2009～2017年的数据，以GDP、三大产业结构、社会固定投资额等作为参考指标，通过对比分析更清晰地了解西部地区各省经济发展水平。

3.1.1 地区GDP和人均GDP对比分析

如图3－1所示，2017年，四川省GDP实现了36980.2亿元，较2009年增长了1.9倍，比2016年增长了10%，高于全国平均增长水平（6.9%）3.1

个百分点，经济总量领跑西部地区其他省份。紧随其后的省份、地区生产总值及其增长率分别是：陕西省为 21898.8 亿元，12.9%；广西壮族自治区为 20396.3 亿元，11.3%；重庆市为 19500.1 亿元，9.9%。另外，七个省份生产总值在西部地区排名相对靠后，其中生产总值增长率超过全国平均水平的有：云南省为 11.8%；贵州省为 14.9%；新疆维吾尔自治区为 13.2%；宁夏回族自治区为 9%。

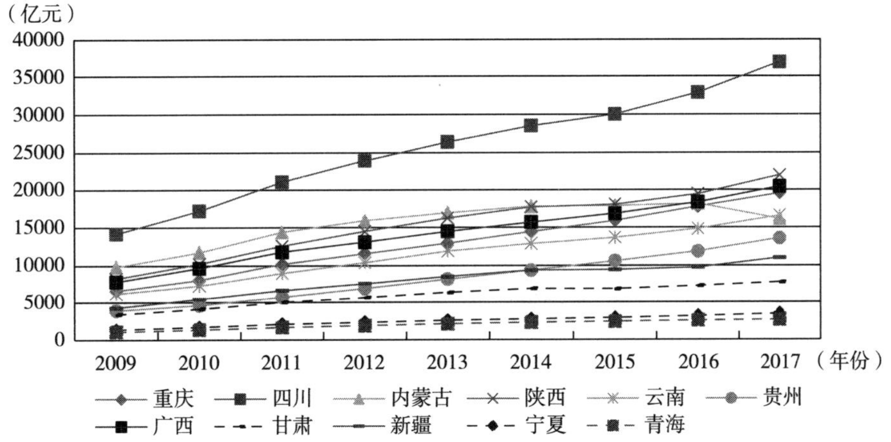

图 3－1　西部地区各省份 GDP

资料来源：国家统计局。

2017 年我国人均 GDP 实现 59660 元，如图 3－2 所示，西部地区人均 GDP 水平高于全国平均水平的省份共 2 个，分别是内蒙古自治区和重庆市。2009 ~ 2017 年，内蒙古自治区人均生产总值一直领先于西部地区其余 10 个省份。2017 年，人均 GDP 实现 63786 元，较 2009 年的 22920 元增长了 60.5%，较 2016 年增长率为－11.5%，低于全国平均增长水平（6.3%）17.8 个百分点，下降幅度较大，是西部地区 2017 年唯一一个人均 GDP 负增长的省份。2009 年，重庆市人均 GDP 为 22920 元，比内蒙古同期水平低 16815 元，之后八年一直保持较快增长速度，2017 年人均 GDP 实现 63689 元，比内蒙古当期水平低 97 元，较 2009 年增长了近 1.8 倍，比 2016 年增长 8.8%，高于全国平均水平 2.5 个百分点。紧随其后的省份、人均 GDP 及其增长水平分别是：陕西省为 57266 元，增长了 12.2%；宁夏回族自治区为 50917 元，增长了 7.9%；新疆维吾尔自治区为 45099 元，增长了 11.2%；四川省为 44651 元，增长了 11.6%；青海省为 43531 元，增长了 1.9%。剩余四个省份人均 GDP 水平排名相对靠后，其中人均 GDP 增长水平超过全国平均增长水平的有：广西壮族自治区为 10.3%；云南省为 11.1%；贵州省为 14.1%。

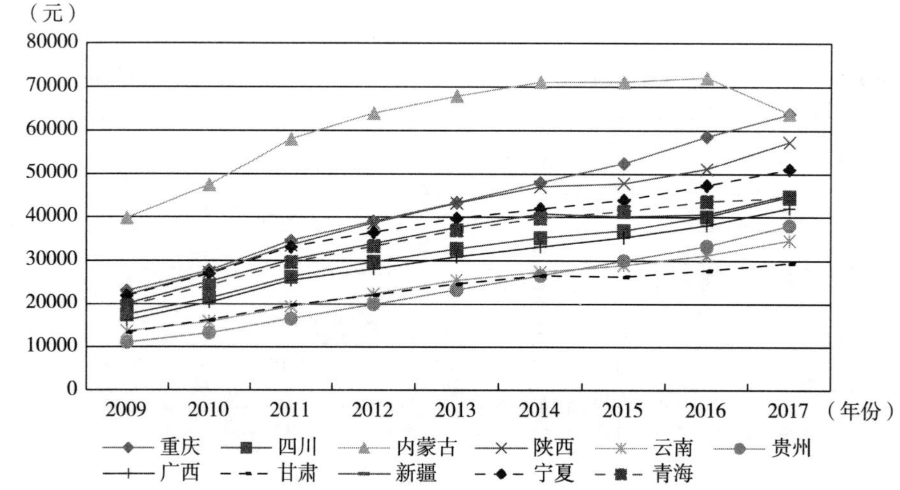

图 3－2　西部地区各省份人均 GDP

资料来源：国家统计局。

3.1.2　三大产业结构对比分析

查阅国家统计局数据可知，我国 GDP 中三次产业构成的比例在不断变化，第三产业比重呈逐年增长趋势，并在 2012 年首次实现与第二产业占比持平，各占 45.3%；此后，第三产业占 GDP 的比重继续提高并超越了第二产业占 GDP 的比重，并在 2015 年达到 50.2%；2017 年我国三次产业占比为 7.9∶40.5∶51.6。西部地区各省份三次产业结构如表 3－1 所示，各省份第一产业对地区经济的贡献均呈逐年下降趋势，第二产业和第三产业结构也在缓慢调整。

2009 年贵州省和重庆市第三产业贡献率分别为 48.2%、45.6%，呈“三二一”的结构，其余 9 个省份均保持“二三一”的结构；2013 年，云南省第三产业占比超第二产业 0.8 个百分点，成为西部地区继贵州省和重庆市后首个第三产业比重超过第二产业的省份，重庆市第三产业占比持续提高，贵州省第三产业占比虽较 2009 年下降了 1.1 个百分点，但“三二一”的产业结构依然不变；2009~2013 年，西部地区第三产业占比超过第二产业的省份增加了一个，2013~2017 年，时间间隔相同，但第三产业占比超过第二产业的省份增加了 6 个，分别是四川、内蒙古、甘肃、新疆、宁夏、青海，这是西部地区转变发展战略、不断调整产业结构的结果。第二产业在西部地区经济发展中的主导作用很难在短期内改变，产业结构调整的任务依然比较艰难，但通过数据我们可以看到，9 个省份第三产业对经济的贡献已经超过第二产业，西部地区第三产业的比重正在逐年提升，产业结构已经明显由工业主导逐渐向二三产业共同作用转变。

表 3-1 西部各省份三大产业占比 单位：%

省份	2009 年			2013 年			2017 年		
	第一产业	第二产业	第三产业	第一产业	第二产业	第三产业	第一产业	第二产业	第三产业
重庆	9.2	45.2	45.6	7.8	45.8	46.5	6.9	44.1	49.0
四川	15.8	47.4	36.7	12.8	51.3	35.9	11.6	38.7	49.8
内蒙古	9.5	52.5	38.0	9.3	53.8	36.9	10.2	39.8	50.0
陕西	9.7	51.9	38.5	9.0	55.0	36.0	7.9	49.8	42.3
云南	17.3	41.9	40.8	15.7	41.7	42.5	14.0	38.6	47.4
贵州	14.1	37.7	48.2	12.3	40.5	47.1	14.9	40.2	44.9
广西	18.8	43.6	37.6	15.9	46.6	37.6	14.3	45.6	40.2
甘肃	14.7	45.1	40.2	13.3	43.4	43.3	13.9	33.4	52.8
新疆	17.8	45.1	37.1	17.0	42.3	40.7	15.5	39.3	45.2
宁夏	9.4	48.9	41.7	8.2	48.9	43.0	7.6	45.8	46.7
青海	9.9	53.2	36.9	9.6	54.3	36.1	9.0	44.7	46.3

资料来源：国家统计局。

3.1.3 固定资产投资额对比分析

固定资产投资指的是购置和建造固定资产的经济活动，既能反应固定资产投资的规模，还能衡量政府调控、财政刺激的效果；既是地区资本存量的增加，也是地区建设和其他方面的主要资金来源。某地区固定资产投入越多，说明该地区对基础设施和城市建设的投入越大，越能吸引更多企业进入该地区发展。如图3－3所示，2017年西部地区各省份固定资产投资额规模差异较大，排名前三的省份及其固定资产投资额分别是：四川省为32097.3亿元；陕西省为23819亿元；广西壮族自治区为20499.1亿元。排名靠后的三个省份及其固定投资额分别是：甘肃省为5827.7亿元；青海省为3883.5亿元；宁夏回族自治区为3728.4亿元。

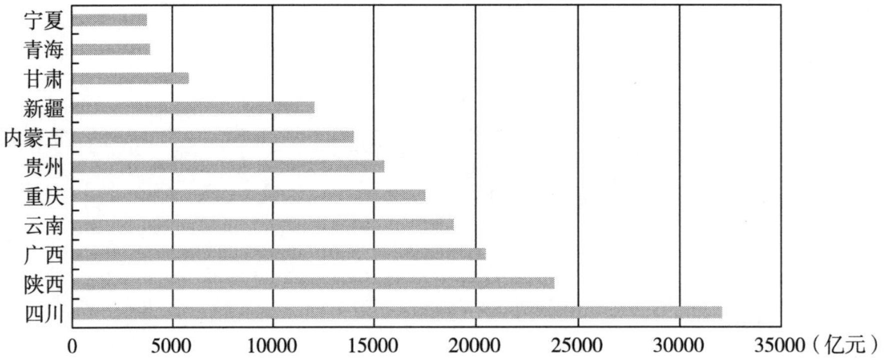

图3－3 2017年西部各省固定资产投资额

资料来源：国家统计局。

如图3－4所示，四川省固定资产投资规模领跑西部地区，2017年固定资产投资额较2009年增长了近2.4倍，较2016年提升9.2%，高于全国平均增长水平（5.7%）3.5个百分点。紧随其后的分别是陕西省和广西壮族自治区，内蒙古自治区固定资产投资规模在2014年超过陕西省排西部地区第二，之后出现大幅度下降，2017年再次出现规模负增长，为－7%，同年出现负增长的省份还包括甘肃省，为 -39.7%。其余省份 2009 ~ 2017 年均保持平稳增长，但规模相对较小，还需加大对固定资产投资的力度，制定相关政策鼓励资本投资。

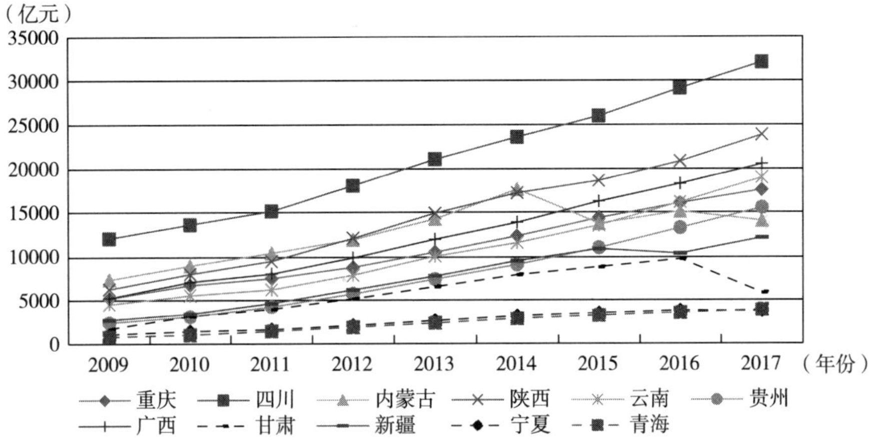

图 3 -4　西部地区各省历年固定资产投资额

资料来源：国家统计局。

3.1.4　人民生活和消费水平对比分析

国家统计局关于社会消费品零售总额的定义是企业（单位）通过交易出售给个人、社会集团非生产、非经营用的实物商品金额，以及提供餐饮服务取得的收入金额，能在一定程度上反映出人民物质文化水平和零售市场规模状况。如图 3 -5 所示，2017 年四川省消费品零售总额为 17480.5 亿元，远远高于西部地区其他省份，是陕西省的 2.1 倍，贵州省的 4.2 倍，青海省的 20.8 倍。但从人均消费支出来看，内蒙古自治区人均消费支出水平最高（18945 元），其次是重庆市（17898 元），再次是四川省（16179.94 元），可见，四川省消费市场还具有较大的开发潜力，但从整体来看，以上三个省份人民生活和消费水平在西部地区中属于高梯度。

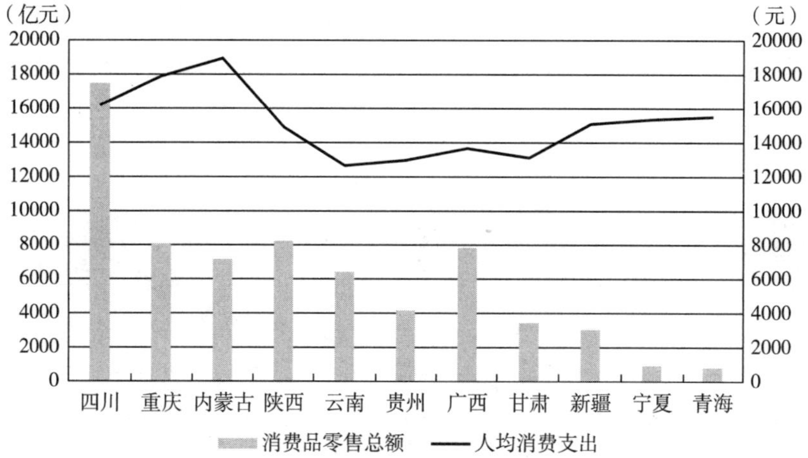

图 3 - 5 2017 年西部地区各省人民生活和消费水平

资料来源：国家统计局。

3.1.5 要素梯度对比分析

本篇第 2 章关于产业转移理论的部分已经介绍了地区要素禀赋差异的变化是产业转移发生的重要动力之一。经济学理论提出生产要素包括劳动力、土地、资本和企业家才能，随着社会经济的发展，科学技术、信息水平也成为了生产经验中的重要因素。与中东部地区相比，西部地区资源丰富且要素成本相对较低，据最新统计数据显示，西部地区人口约 3.5 亿，占全国总人口的 28%。如表 3 - 2 所示，四川省既是西部地区也是全国的人口大省，常住人口达 8302 万，西部地区常住人口超过 3000 万的省份还有广西壮族自治区、云南省、重庆市、陕西省、贵州省。关于劳动力成本，可参考城镇职工平均工资（见表 3 - 2），查阅国家统计局数据可知，2016 年全国城镇职工平均工资为 67569 元，高于西部地区 11 个省份的平均水平，由此可见，西部地区不但劳动力资源充裕，而且成本低廉。

城市建设用地面积指的是相关部门确定的建设用地所围成的面积，包括工业用地、对外交通用地、公共设施用地、道路广场用地等。西部地区城市建设

表 3-2 2016 年西部地区部分生产要素拥有量

省份	常住人口（万人）	城市建设用地（平方千米）	水资源（亿立方米）	人均水资源（立方米/人）	城镇职工平均工资（元）	R&D 占地区生产总值（%）	互联网普及率（%）
重庆	3075	1180	604.9	1994.72	65545	1.87	51.60
四川	8302	2468	2340.9	2843.31	63926	1.72	43.60
内蒙古	2529	1147	426.5	1695.49	61067	0.67	52.20
陕西	3835	1096	271.5	713.91	59637	2.10	52.40
云南	4801	1027	2088.9	4391.67	60450	0.95	39.90
贵州	3580	777	1066.1	3009.46	66279	0.62	43.20
广西	4885	1293	2178.6	4522.73	57878	0.04	46.10
甘肃	2626	806	168.4	646.45	57575	1.30	42.40
新疆	2445	1187	1093.4	4596.05	63739	0.39	54.90
宁夏	682	384	9.6	142.96	65570	1.13	50.70
青海	598	176	612.7	10375.95	66589	0.18	54.50

资料来源：国家统计局。

用地面积超过 1000 平方千米的省份有重庆市、四川省、内蒙古自治区、陕西省、云南省、广西壮族自治区和新疆维吾尔自治区，其余四个省份城市建设用地面积相对较低。另外，水资源是城市建设、经济发展必不可少的资源，西部地区水资源拥有量超过 2000 亿立方米的省份有四川省、云南省、广西壮族自治区，人均水资源拥有量超过全国平均水平（2354.9 立方米/人）的省份有四川省、云南省、贵州省、广西壮族自治区、新疆维吾尔自治区、青海省，以上这些省份水资源充裕。R&D 经费指的是全社会用于基础研究、应用研究和试验发展的经费支出，可用来衡量一个国家或地区的科技创新力度。因此，本章用 R&D 经费占 GDP 的比重来表示一个地区科研投入的强度。国家统计局、科学技术部和财政部联合发布的《2017 年全国科技经费投入统计公报》显示，我国平均 R&D 经费投入强度为 2.13%，结合表 3-2 可以看到，西部地区 11 个省份的 R&D 经费投入强度均低于全国平均水平。最后，信息技术也是促进地区经济发展的重要因素，西部地区各省份互联网普及率均相对较低，新疆维吾尔自治区和青海省互联网普及率略高于全国平均水平（52.3%），其余各省份均低于全国平均水平。因此，西部地区各省份还需继续加大对科研和信息技术的投入，不断提升科技创新能力和信息化发展水平。

3.2 西部地区承接产业转移现状

产业转移不仅包括产（企）业在地理位置上的部分或整体迁移，还包括产业生产份额在区域之间此消彼长的过程。即使两个地区间没有直接的产（企）业迁移活动，但一个地区的需求增加导致另一个地区产业的增加也被看作产业转移的发生（刘红光，2011）。因此，某个地区利用内外资的情况能在一定程度上反映其承接产业转移的状况，但两个概念并不完全等同。为使这部分分析更具说服力，本章通过借鉴陈建军（2002）的做法，以西部地区各省份吸收内外投资的情况来说明当前承接产业转移的现状。

3.2.1 西部地区利用外资概况

改革开放以来，中国经济持续高速发展，大量国外资本流入中国市场，西部地区随之快速发展起来。尤其是国家提出的西部大开发战略更是为西部地区各省市的经济发展提供了强大动力。在此大背景下，我们有必要先了解我国近年来吸引外资的情况，在此基础上，再分析西部地区各省份实际利用外资的情况。

从图 3 - 6 中可以看到，2010 ~ 2017 年，我国实际利用外资额保持持续增长的趋势，2017 年较 2010 年增长了 22.9%，但 2016 年较 2015 年略有下降。究其原因，一是国内经济新常态格局下，综合要素成本上升，资源环境约束加大，传统竞争优势削弱等因素导致跨国公司对华投资战略生变或放缓；二是联合国贸发会议《2015 年世界投资报告》预测，受全球和区域经济发展进程缓慢的影响，2016 年亚洲发展中国家吸收外商直接投资（FDI）将下降 15%。

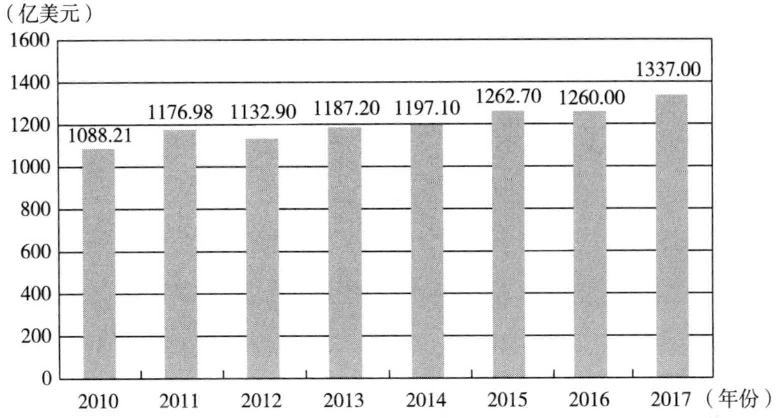

图3－6　我国历年实际利用外资额

资料来源：国家统计局。

从表3－3可以看到，西部地区（除西藏外）各省实际利用外资数额相差较大，可大致分为三个梯队。其中，重庆、四川遥遥领先，内蒙古、陕西和贵州次之，云南、广西、甘肃、新疆、宁夏和青海则相对落后。重庆作为西部地区唯一的直辖市，长期以来吸引了较多的外资流入本地市场，2017年吸引外资流入并实际利用的金额达101.83亿美元，同比下降10.2%，主要是因为受到国内外大环境影响，而较2010年增长了78.1%，远远领先于我国的平均增长水平（22.9%）。四川省与重庆接壤，吸引外资的速度紧随其后，2010～2015年均保持稳定增长趋势，实际利用外资额增长48.9%；2016年，由于受整个经济大环境的影响，吸引外资额同比下降18%；2017年，四川省开始建设自由贸易试验区，以深入推进西部大开发和长江经济带发展，此举吸引了大量外资流入四川，本年度实际利用外资额同比增加7.58%，达91.91亿美元。

此外，可以从图3－7中看到，内蒙古、陕西和贵州三个省份历年来实际利用外资额明显低于重庆和四川，但变化趋势大致相同，2010～2015年均保持平稳增长，2016年及2017年受经济大环境影响个别省份数额略有下降。云南、广西、甘肃、新疆、宁夏及青海六个省份历年来实际利用外资额均相对落后，尚处于个位数阶段，但从表 3－3 和图 3－7 可以看出，2010～2017 年，以上四省实际利用外资数额的变化趋势与全国整体趋势大致相同，均在前五年保持平稳增长后，经历了短暂的下降又再次反弹。

表 3－3　西部各省历年实际利用外资额　　单位：亿美元

年份 / 地区	2010	2011	2012	2013	2014	2015	2016	2017
重庆	63.70	105.79	105.77	105.97	106.29	107.65	113.42	101.83
四川	70.13	110.27	105.51	105.75	106.50	104.37	85.44	91.91
内蒙古	35.59	40.41	41.77	48.43	41.72	33.66	39.67	31.50
陕西	18.20	23.00	29.36	36.80	41.80	46.21	50.10	58.90
云南	13.29	17.38	21.89	25.15	27.06	29.92	8.67	8.23
贵州	3.40	7.17	10.98	15.74	21.31	26.27	32.16	38.91
广西	9.12	10.14	7.48	7.00	10.01	17.22	17.16	8.23
甘肃	5.19	3.85	3.72	3.91	4.55	4.60	1.16	5.50
新疆	2.37	3.35	4.08	4.81	4.17	4.53	4.01	4.10
宁夏	2.32	3.42	3.48	2.04	1.43	2.21	2.54	3.11
青海	2.19	1.69	2.06	0.94	0.50	0.55	0.15	0.18

资料来源：各省 2018 年统计年鉴及政府工作报告。

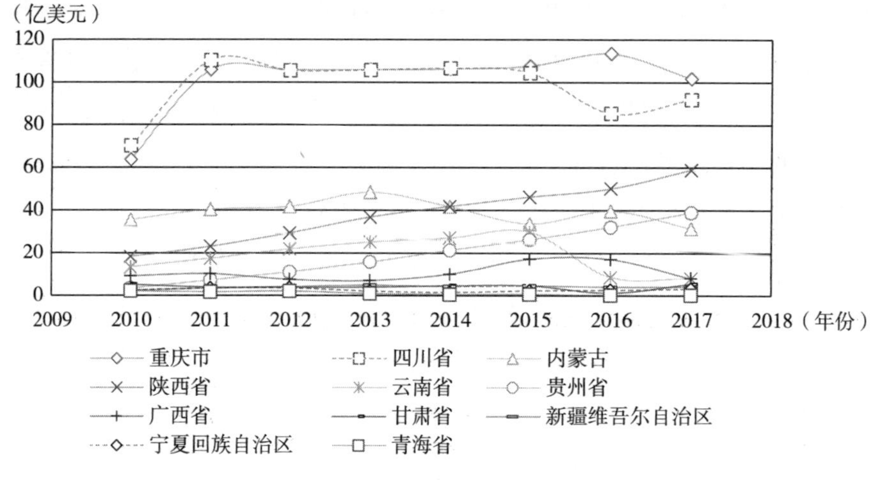

图 3－7　各省历年实际利用外资额变化趋势

资料来源：国家统计局。

3.2.2 西部地区利用内资概况

通过对西部地区各省吸收外资的情况分析发现，西部地区 11 个省份（除西藏外）可根据吸收外资的规模大致分为三个梯队，因此，本部分在分析西部地区各省吸收内资的情况时亦参考上文的划分方法。同时，部分省份由于历史原因或统计不便等，未完整记录本省历年来吸收内资的数据，导致这部分数据无法获取。综上两个原因，本节从第一梯队中选取四川省和重庆市，从第二梯队中选取陕西省，从第三梯队中选取宁夏回族自治区为代表，通过对以上四省份吸收内资的数据来推测西部地区其他省份或西部地区整体吸收内资的发展现状和变化趋势。

四川省作为西部地区的重要大省，同时也是西部经济的领头羊，近年来对西部地区的引领作用愈加明显。通过表 3－4 可以看到，四川省历年吸收内资的规模遥遥领先于其他省份，2017 年利用吸收内资规模达 9977 亿元，同比提高 3.78%，较 2010 年增加了 87%，说明四川省与国内其他省份的经济联系非常紧密且不断得到加强。紧随其后的是重庆市，为抓住国家实施西部大开发战略的历史机遇，重庆市出台了一系列政策措施，包括税收、财政、信贷、融资、土地和资源开发等方面，以此吸引国内外资本、技术、人才聚集重庆，加快重庆经济和社会发展。这一系列的政策措施吸引了大量国内资本流入本地市场，从表 3－4 我们可以看到，重庆市吸收内资的规模从 2010 年的 2638.29 亿元提高到了 2017 年的 9682.36 亿元，增加了 2.7 倍。第二梯队的陕西省和第

表 3－4　2010～2017 年西部地区各省份吸收内资额　　单位：亿元

年份	2010	2011	2012	2013	2014	2015	2016	2017
四川	5336.40	7083.40	7083.40	8698.00	8798.00	41000.00	9614.00	9977.00
重庆	2638.29	4919.84	5914.64	6007.20	7246.89	8530.13	9345.04	9682.36
陕西	2410.00	2800.00	3400.00	4189.00	4980.00	5658.63	6231.00	7909.00
宁夏	800.00	1100.00	1400.00	1654.80	1823.59	1800.00	2200.00	2245.00

资料来源：各省份 2018 年统计年鉴及政府工作报告。

三梯队的宁夏回族自治区，虽然在吸收内资的规模上远低于第一梯队，但我们可以看到，陕西省 2017 年吸收内资的规模较 2010 年增长了 2. 3 倍，达 7909 亿元；宁夏回族自治区 2017 年吸收内资规模较 2017 年增长了 1. 8 倍，达 2245 亿元。

综上所述，通过对三个梯队不同省份利用内资规模变化趋势的分析，我们可以得出以下结论：

第一，第一梯队的四川省和重庆市在吸收内资规模上依然保持领先地位，第二梯队省份次之，第三梯队省份吸收内资规模相对落后。

第二，在“西部大开发”战略、国家和地方政府的支持下，西部地区各省份吸收内资的规模在逐年扩大，与国内其他各省的经济联系正在进一步加强。

4　西部地区承接产业转移能力研究分析

本章首先将详细阐释构建能力指标的原则和思路，在此基础上，结合逻辑分析和承接产业转移能力理论分析结果构建指标体系，然后借助 IMB SPSS Statistics，通过因子分析法得出西部地区各省份承接产业转移能力得分及排名，最后对各省承接产业转移能力得分进行聚类分析，将 11 个省份划分为三类地区，为后文提出相应的政策建议提供参考。

4.1　构建评价指标体系

本节将阐释构建承接产业转移能力指标的三大原则和构建评价承接产业转移能力指标体系的思路。

4.1.1　构建原则

为保证建立的承接产业转移能力评价体系的全面性、客观性、有效性和准确性，本章将遵循以下原则：

4.1.1.1　独立和代表性原则

第 2 章指出，承接产业转移的能力是吸引力、选择力、支撑力和发展力多种作用力的综合系统，这四大能力指标体系相互之间具有内在联系，因此，为保证后文实证分析的客观性和有效性，在构建指标体系时务必遵循独立性原则，保证四大能力指标体系互不影响，即任意两两指标体系之间不能有替代和交叉关系。不同层次的指标体系之间需保证内在联系，指标体系应当包含影响承接产业转移能力的主要因素，分之可用于解释个别现象，合之则可呈现整体框架和形象。代表性原则是指在构建能力指标评价体系时，为精确反映出问题所在，应该从承接产业转移能力的诸多影响因素中选取最具代表性的指标。

4.1.1.2 可比性、稳定性和可获得性原则

可比性原则是指在构建指标体系时选取的指标要能够横向反映出西部地区各省份、直辖市和自治区承接产业转移的能力，即能够反映出西部地区区域差异性的指标。稳定性是指选取数据时要选择那些受偶然因素影响较小且具有一定规律的指标数据。可获取性原则是指数据收集要尽可能考虑客观条件，选择权威性且能够获取的数据，如国家统计局、统计年鉴、政府工作报告上的数据等。

4.1.1.3 可操作性和指导性原则

构建承接产业转移能力评价指标体系具有现实意义，因此选取的指标不仅要客观反映承接产业转移能力的现状，还要能给政府规划如何建设承接产业转移的能力提供一定的指导。可操作性是指选取的评价指标须以统计数据为依据，统计数据需易于获取且便于分析。

4.1.2 构建思路

本章借鉴展宝卫（2006）对产业承接力的分析框架，将承接产业转移的能力分解为产业吸引力、产业选择力、产业支撑力和产业发展力。在此基础上，结合西部地区的现实情况和第2章中关于承接产业转移能力影响因素的分析，提出西部地区承接产业转移能力的评价指标体系。

4.1.2.1 细化承接产业转移吸引力指标

承接产业转移吸引力的大小与承接地成本因素、市场因素、政府政策因素有关。

（1）成本因素。企业的最终目的是盈利，因此，各要素成本的大小在企业发展过程中至关重要，在预期收入相差不大的情况下，低成本地区将更具吸引力。本章关于成本因素选取的指标有租金成本和劳动力成本，租金成本的衡

量指标是“商品房平均销售价格（元/平方米）”，劳动力成本的衡量指标是“城镇单位就业人员平均工资（元）”。

（2）市场因素。市场状况受当地企业数量和发展潜力、市场消费能力、市场开放程度影响。由于工业企业是产业转移最重要的主体之一，因此本章以“每万人规模以上的工业企业数量”来代表地区企业聚集度；另外，“居民人均可支配收入”越大，购买力越强，“居民人均消费支出”越高，市场消费能力越强；最后，市场开放程度越高的地区往往能吸引更多外商投入流入，因此，本章以“实际利用外资额（亿美元）”衡量市场开放度的指标。

（3）政策因素。转移产业必然会与承接地原有产业产生联系，产业聚集度越高，越能吸引与之相关的产业聚拢，这些企业彼此之间通过协同作用，形成强劲持续的竞争优势，政府可通过出台相关的政策措施来建设、加强或改变当地这种产业聚集的状况。另外，在实际操作中，部分西部地区政府基于对行政绩效和财政收入的考量，出台了许多土地、信贷、财税等优惠政策以期吸引更多产业转移至本地，这些优惠政策大都相似以至地区间政策吸引力差异较小，加之政策变量难以量化，因此，本章未将政策因素作为产业吸引力的二级指标，为保证文章的完整性和科学性，我们将这部分放到最后一部分作定性讨论。

4.1.2.2 细化承接产业转移选择力指标

承接产业转移选择力指的是承接地信息收集、分析，产业选择和决策的能力。一些产业转移项目能在短期内带动当地上下游产业及其他产业的发展，但在长期内对承接地经济发展影响弊大于利，因此西部地区在承接产业转移时，务必谨慎选择。选择承接产业转移的过程包括选择主体（决策人才）借助一定的客体（信息技术、设备）进行理论分析和实践论证，因此，本章选取“信息传输、计算机服务和软件业法人单位数（个）”“信息传输、计算机服务和软件业城镇单位就业人员（万人）”“信息传输计算机服务和软件业全社会固定资产投资（亿元）”三个变量作为承接产业转移选择力的衡量指标。

4.1.2.3 细化承接产业转移支撑力指标

承接产业转移的支撑力能为筛选后的产业融入当地经济发展做好铺垫，提供保障，主要取决于基础设施承载能力和环境承载能力。

（1）基础设施承载力。该指标反映的是地区基础设施建设情况和产业配套建设情况。“全社会固定资产投资（亿元）”反映的是地区对基础设施建设的投入情况；“人均城市道路面积（平方米）”反映的是地区基础设施完善情况；“货运量（万吨）”反映的是地区交通运输发展情况；“邮电业务总量（亿元）”反映的是地区资源流通效率。

（2）环境承载力。企业生产经营的过程离不开生产资源和生产环境，资源消耗型发展模式在推动经济发展的过程中会给地区居民的生活和自身的发展带来消极影响甚至形成恶性循环，制约企业和地区经济可持续发展，因此，在衡量地区承接产业转移能力时，需要将环境承载力考虑在内。本章以“单位地区生产总值能耗（等价值）（吨标准煤/万元）”“单位产值废水排放量（吨/万元）”“人均水资源拥有量（立方米）”作为地区环境承载力的衡量指标。

4.1.2.4 细化承接产业转移发展力指标

承接产业转移发展力是指使得转入产业在长期发展壮大，不断凸显竞争优势的能力。经济发展成熟、技术创新水平较高的地区往往有助于提升产业经济效益，能促进产业高速发展。

（1）经济发展水平。一个地区经济发展水平的参考指标很多，综合考虑指标的重要程度和数据可得性，我们选取了“人均 GDP”“进出口总额”“第三产业产值比重”“人均财政收入”和“工业企业总资产贡献率”作为地区经济发展水平的衡量指标，其中总资产贡献率反映的是工业企业生产效率和盈利能力，值越高，则产业发展越好。

（2）科技创新水平。一个地区高新技术人才资源的拥有量和对科技研发的支持力度决定了当地科技创新水平的高低，对企业长期持续发展起重要作用。本章用“普通高等学校招生数占人口总数的比重”“普通高等学校教职工数占人口总数的比重”作为地区人才密度的衡量标准；用“R&D 经费占 GDP 的比重”作为地区对科技研发支持力度的衡量指标；用“专利申请授权量

（项）”作为地区技术发展水平的衡量指标。

4.1.3 构建指标体系

4.1.3.1 承接产业转移能力评价指标体系

上文详细说明了各项承接产业转移能力的衡量指标，具体指标体系如表4-1所示。需要注意的是：首先，指标属性有正负之分，即正指标表示值越高产业承接能力越好，负指标表示值越高产业承接能力越差；其次，各指标单位不同，为保证结果的科学性，后文将对数据进行标准化处理，以消除量纲的影响。

表4-1 承接产业转移能力评价指标体系

系统层	一级指标	二级指标	单位	正/负
吸引力	成本因素	A_1 商品房平均销售价格	元/平方米	-
		A_2 城镇单位就业人员平均工资	元	-
	市场因素	A_3 每万人规模以上的工业企业数量	家	+
		A_4 居民人均可支配收入	元	+
		A_5 居民人均消费支出	元	+
		A_6 实际利用外资额	亿美元	+
选择力	信息发展水平	A_7 信息传输、计算机服务和软件业法人单位数	个	+
		A_8 信息传输、计算机服务和软件业城镇单位就业人员	万人	+
		A_9 信息传输计算机服务和软件业全社会固定资产投资	亿元	+
支撑力	基础设施承载力	A_{10} 全社会固定资产投资	亿元	+
		A_{11} 人均城市道路面积	平方米	+
		A_{12} 货运量	万吨	+
		A_{13} 邮电业务总量	亿元	+
	环境承载力	A_{14} 单位地区生产总值能耗（等价值）	吨标准煤/万元	-
		A_{15} 单位产值废水排放量	吨/万元	-
		A_{16} 人均水资源拥有量	立方米	+

续表

系统层	一级指标	二级指标	单位	正/负
发展力	经济发展水平	A_{17}人均 GDP	元/人	+
		A_{18}进出口总额	亿美元	+
		A_{19}第三产业产值比重	%	+
		A_{20}人均财政收入	元/人	+
		A_{21}工业企业总资产贡献率	%	+
	科技创新水平	A_{22}普通高等学校招生数占人口总数的比重	%	+
		A_{23}普通高等学校教职工数占人口总数的比重	%	+
		A_{24}R&D 经费占 GDP 的比重	%	+
		A_{25}专利申请授权量	项	+

4.1.3.2 数据来源

各项运算指标数据主要来源于国家统计局 2017 年各省年度数据以及西部地区 11 个省份 2018 年统计年鉴。多数指标数据直接来源于国家统计局及各省统计年鉴，少量指标是通过定义整理计算得到，如每万人规模以上的工业企业数量、单位地区生产总值能耗、人均财政收入等，具体指标数据见附录 C。

4.2 计算西部地区承接产业转移能力

影响西部地区各省承接产业转移能力的二级因素较多，它们对一级指标的信息反映难免会有重复，也无法通过某个或某几个指标的量直接判断能力的高低，因此，本章采用李永宁（2016）的做法，借助 IBM SPSS Statistics 工具，应用因子分析法对表 4－1 中的数据进行运算、提炼，计算出西部地区各省份承接产业转移能力得分及排名情况，最后借助聚类分析法对得分进行运算，将 11 个省份划分为三类。

运用因子分析法对数据进行运算前，本节将详细介绍因子分析法的原理和运算步骤。

4.2.1 因子分析法的基本原理

因子分析法由查尔斯·爱德华·斯皮尔曼（1904）提出，基本思想是根据相关性的大小将原始变量分组，使得同组变量间相关性较高，不同组变量间相关性较低。假设有 n 个样本，每个样本有 p 个观测指标，p 个指标间相关性较强，为便于研究并消除数量级和量纲对结果造成的影响，需要对样本观测数据进行标准化处理，使标准化后的变量均值为 0，方差为 1。为方便，将原始变量和标准化处理后的变量均用 X 表示，用F_1，F_2，F_3，…，F_m（$m<p$）表示标准化处理后的公共因子，ε 表示与公共因子无关的特殊因子。如果：

（1）$X=(X_1, X_2, \cdots, X_p)'$是可观测随机向量，并且均值向量 $E(X)=0$，协方差矩阵 $Cov(X)=H$；并且协方差矩阵 H 与相关矩阵 R 相等。

（2）$F=(F_1, F_2, \cdots, F_m)'$（$m<p$）是不可观测变量，均值向量 $E(F)=0$，协方差矩阵 $Cov(F)=I$，即向量 F 与各分量之间是相互独立的。

（3）$\varepsilon=(\varepsilon_1, \varepsilon_2, \cdots, \varepsilon_p)'$与 F 相互独立，且 $E(\varepsilon)=0$，ε 的协方差矩阵 H_ε 是对角方阵，如式（4－1），即 σ 各分量之间也是相互独立的。

$$Cov(\varepsilon)=H_\varepsilon=\begin{bmatrix}\sigma_{11}^2 & \cdots & 0\\ \vdots & \ddots & \vdots\\ 0 & \cdots & \sigma_{pp}^2\end{bmatrix} \tag{4-1}$$

则模型称为因子模型，该模型的矩阵形式为：

$$X=AF+\varepsilon$$

$$\begin{cases}X_1=a_{11}F_1+a_{12}F_2+\cdots+a_{1m}F_m+\varepsilon_1\\ X_2=a_{21}F_1+a_{22}F_2+\cdots+a_{2m}F_m+\varepsilon_2\\ \vdots\\ X_p=a_{p1}F_1+a_{p2}F_2+\cdots+a_{pm}F_m+\varepsilon_p\end{cases} \tag{4-2}$$

$$其中，A=\begin{bmatrix} a_{11} & \cdots & a_{1m} \\ \vdots & \ddots & \vdots \\ a_{p1} & \cdots & a_{pm} \end{bmatrix} \tag{4-3}$$

对于矩阵模型 A，如果 p 比较大，则在 p 维空间里分析问题会比较复杂，此时，可采用降维的处理方式，即用较少的几个变量最大限度地反映所有变量信息的处理方式，从而达到化繁为简的目的。假设x_1，x_2，x_3，…，x_p为原始变量指标，而z_1，z_2，z_3，…，z_m（m≤p）为降维后的变量指标，则存在以下线性组合：

$$\begin{cases} z_1 = l_{11}x_1 + l_{12}x_2 + \cdots + l_{1p}x_p \\ z_2 = l_{21}x_1 + l_{22}F_2 + \cdots + l_{2p}l_p \\ \vdots \\ z_m = l_{m1}x_1 + l_{m2}x_2 + \cdots + l_{mp}x_p \end{cases} \tag{4-4}$$

其中，l_{ij}是原变量对应各自主成分变量的因子载荷，任意的主成分变量，z_i与z_j相互无关，z_1，z_2，z_3，…，z_p中方差最大的变量，并且分别被称为第一、第二主成分。

4.2.2 因子分析法的具体步骤

4.2.2.1 数据同向化与标准化

如表 4-1 所示，25 个二级指标单位和数量级各不相同，其中有 4 个指标属性是负，为避免负向指标和不同量纲对分析结果的影响，需要首先对数据进行同向化和标准化处理。取“商品房平均销售价格”“城镇单位就业人员平均工资”“单位地区生产总值能耗”“单位产值废水排放量”4 个指标的倒数作为替代指标，完成同向化处理。为保证数据的可比性，还需对原始数据进行标准化处理，从而得到无量纲数据。原始数据矩阵为 $X=(x_{ij})_{np}$，i=1，2，3，…，n；j=1，2，3，…，p，标准化公式为：$y_{ij}=(x_{ij}-\bar{x})/s_j$，$Y=(y_{ij})_{np}$为标准化处理后的矩阵，$\bar{x}$为样本平均值，$s_j$为样本标准差。

4.2.2.2 指标相关性检验

指标相关性检验包括巴特利特（Bartelett）球形检验和 KMO 检验。巴特利特球形检验是对整个相关矩阵进行的检验，检验的原假设为相关矩阵是单位矩阵，如果接受原假设，则原始变量之间相互独立，则不适合做因子分析。进行检验时，可以根据检验统计量公式得出的P值来判断，若 $P < 0.05$，则拒绝原假设，认为原始数据适合做因子分析；反之则不适合。KMO检验从比较原始变量的简单相关系数和偏相关系数的相对大小出发，当所有变量间的偏相关系数平方和远远小于所有变量间的简单相关系数平方和时，KMO值接近1，说明原始变量间的偏相关系数很小，适合做因子分析。KMO的取值区间为0~1，具体的度量标准如表4-2所示。

表4-2　KMO值度量标准

KMO值	因子分析法适用性
0.9~1.00	非常好
0.8~0.89	好
0.7~0.79	一般
0.6~0.69	适用
0.5~0.59	较适用
小于0.5	不适用

在对承接产业转移吸引力、选择力、支撑力和发展力作因子分析时，表4-3显示了各因子KMO检验的统计量和巴特利特球形检验的统计量及对应的P值，KMO统计量均在0.6~0.9，巴特利特球形检验对应的P值均小于0.05，因此，本章中的原始数据适合作因子分析。

表4-3　KMO与巴特利特球形检验结果

KMO与巴特利特球形检验		吸引力	选择力	支撑力	发展力
KMO抽样适合性		0.759	0.678	0.759	0.876
巴特利特球形检验	近似卡方值	28.158	10.496	58.750	63.373
	自由度	15	3	21	36
	显著性	0.021	0.015	0.000	0.003

4.2.2.3 确定因子个数

接下来以计算承接产业转移发展力因子得分为例，表4－4是通过SPSS计算得出的因子特征值和方差贡献，根据特征值大于1的原则应该提取前三个因子，同时通过表4－4可知前三个因子的累计方差贡献率为82.7%，说明这三个因子解释程度较高，符合要求。

表4－4 发展力因子特征根与方差贡献率

因子	特征值			方差贡献率		
	合计	方差百分比	累计百分比	合计	方差百分比	累计百分比
1	4.144	46.050	46.050	4.144	46.050	46.050
2	2.009	22.323	68.373	2.009	22.323	68.373
3	1.286	14.288	82.661	1.286	14.288	82.661
4	0.905	10.059	92.720			
5	0.357	3.969	96.689			
6	0.131	1.451	98.140			
7	0.101	1.123	99.263			
8	0.052	0.576	99.838			
9	0.015	0.162	100.000			

4.2.2.4 建立主因子载荷矩阵

为更加明确主因子与原始指标间的相关性，需要建立3个主因子的载荷矩阵，选择最大方差法，得到旋转后的因子载荷矩阵，如表4－5所示。主因子①在A_{18}、A_{21}、A_{22}、A_{24}、A_{25}因子上有较大载荷，这些指标主要反映地区人才数量和科研经费投入强度，与地区科技创新能力紧密相关，因此，可称为科技创新能力因子；主因子②在A_{17}、A_{20}因子上有较大载荷，这些指标主要反映了地区经济实力，因此可称为经济发展水平因子；主因子③在A_{23}上有较大载荷，可称为产业结构因子。

4.2.2.5 计算因子得分

根据因子得分的定义和表4－6中的数据可以得到三个观测值的因子得分，为方便，本章将其分别命名为f_1、f_2、f_3，得分公式如下：

表 4-5 旋转后的因子载荷矩阵

因子	主因子		
	1	2	3
A_{17}	0.087	0.937	-0.045
A_{18}	0.781	0.117	-0.160
A_{19}	-0.075	-0.014	0.980
A_{20}	-0.095	0.898	0.135
A_{21}	0.853	-0.216	-0.156
A_{22}	0.743	0.511	-0.190
A_{23}	0.534	0.661	-0.090
A_{24}	0.735	0.398	0.438
A_{25}	0.890	0.048	0.197

表 4-6 因子得分系数矩阵

因子	主因子		
	1	2	3
B_{17}	-0.085	0.394	-0.070
B_{18}	0.230	-0.036	-0.113
B_{19}	-0.003	-0.036	0.754
B_{20}	-0.134	0.392	0.067
B_{21}	0.293	-0.188	-0.095
B_{22}	0.170	0.139	-0.152
B_{23}	0.089	0.224	-0.085
B_{24}	0.194	0.067	0.336
B_{25}	0.280	-0.093	0.167

$$f_1 = -0.085\,B_{17} + 0.23\,B_{18} - 0.003\,B_{19} - 0.134\,B_{20} + 0.293\,B_{21} + 0.17\,B_{22} + 0.089\,B_{23} + 0.194\,B_{24} + 0.28\,B_{25}$$

$$f_2 = 0.394\,B_{17} - 0.036\,B_{18} - 0.036\,B_{19} + 0.392\,B_{20} - 0.188\,B_{21} + 0.139\,B_{22} + 0.224\,B_{23} + 0.067\,B_{24} - 0.093\,B_{25}$$

$$f_3 = -0.07\,B_{17} - 0.113\,B_{18} + 0.754\,B_{19} + 0.067\,B_{20} - 0.095\,B_{21} - 0.152\,B_{22} - 0.085\,B_{23} + 0.336\,B_{24} + 0.167\,B_{25}$$

其中，$B_{17} \sim B_{25}$是$A_{17} \sim A_{25}$作标准化处理后的变量，详细的原始变量数据及标准化数据见附录 C 和 D。最后将F_4定义为西部地区承接产业转移发展力得分，则：

$$F_1 = 46.05\% \times f_1 + 22.323\% \times f_2 + 14.288\% \times f_3$$

根据上述分析步骤，可分别对承接产业转移吸引力、选择力和支撑力进行因子分析，实证分析数据见附录 A。

4.3 分析西部地区承接产业转移能力

根据上述分析的回归过程，本章可以得出西部地区各省份承接产业转移能力的得分。需要指出的是，本章对产业承接力的分析分为三个阶段：第一阶段是分别对四项细分能力采用因子分析法（参考上文因子分析法的具体步骤），得出西部地区 11 个省份四项能力的得分及排名；第二阶段是对第一阶段得到的四项能力得分采用因子分析，最终得到西部地区承接产业转移能力的综合得分及排名；第三阶段是基于前两个阶段的得分，应用聚类分析法将西部地区 11 个省份划分为几个梯队，从而简化结果，以便各省能够清晰地认识到与其他梯队的差距。

4.3.1 对比细分能力得分及排名

4.3.1.1 对比分析吸引力得分及排名

如表 4－7 所示，西部地区承接产业转移吸引力得分为正的省份共 5 个，按排名高低依次是重庆、内蒙古、四川、陕西和宁夏，其中重庆市得分为 1.09，远高于西部地区其他省份。通过第 3 章的数据和分析可知，以上 5 个省份经济体量和市场消费能力相对靠前，另外，政府也出台了一系列政策措施来增强对转移产业的吸引力。下面以重庆市电子信息产业为例进行分析。

第一，重庆市为相关产业提供了巨大的市场。重庆作为全球最大的电子信息产业生产基地，本地对平板显示器件和集成电路的市场需求远大于周边的西

表 4－7 2017 年西部地区承接产业转移吸引力得分及排名

省 份	得 分	排 名
重庆	1.090317	1
内蒙古	0.554297	2
四川	0.494167	3
陕西	0.158093	4
宁夏	0.090283	5
青海	－0.1582	6
新疆	－0.19243	7
贵州	－0.27695	8
广西	－0.38442	9
云南	－0.54849	10
甘肃	－0.82666	11

安、成都等地，与广东等沿海地区持平。在笔记本电脑生产方面，2017 年年产笔记本电脑 6095 万台，对液晶面板和智能芯片的需求量极大，随着产业的发展，还将呈不断增大的局面，从而为相关产业的发展提供了一个巨大的市场。

第二，重庆市有健全的产业链配套。在重庆市两江新区，围绕莱宝高科和京东方两大企业，已吸引住友化学、法液空等 10 多家配套企业，总投资超过 30 亿元，预计总产值 70 多亿元。住友化学、东进世美肯、液化空气已投产，其他配套企业也陆续开工建设，为电子终端产业发展奠定了良好的产业配套基础。据报道，西永微电园的集成电路产业已形成“设计—制造—封装”完整的产业链，集聚了中航微电子有限公司、西南集成电路等研发和生产“龙头”；台晶（重庆）电子则侧重于研发芯片产品、开发工艺；在芯片制造方面，重庆墨希科技公司已建成了国内首条年产 100 万平方米的石墨烯薄膜生产线；SK 海力士作为芯片制造的原料供应商，则主要发展芯片封装项目生产线，因此，重庆市已初具相对完整的产业链。

第三，重庆市政府制定了一系列政策措施来吸引外来企业落户本地。2018 年 3 月，重庆市政府为进一步支持集成电路产业发展，通过官网发布了《财政部税务总局国家发展改革委工业和信息化部关于集成电路生产企业有关企业所得税政策问题的通知》，满足该通知内条件的企业可享受规定的税收优惠政策。同时，重庆市还实施了一些创新性的招商引资政策，通过对闲置工业用楼采取免租金、水电的方式来吸引外来投资。若园区有 8 栋楼，其中 6 栋满了，对剩下的 2 栋楼就会采取 3 年免租金、1 年免宽带，甚至会帮助公司招工，这在一定程度上能帮助企业更好地在重庆市落地投资。以上三个方面有效地提升了重庆市在承接电子信息产业及其相关产业转移方面的吸引力。

4.3.1.2　对比分析选择力得分及排名

如表 4－8 所示，西部地区承接产业转移选择力得分为正的省份共 5 个，按得分排名高低依次是重庆、四川、陕西、内蒙古和云南，结合第 2 章的理论可知，承接产业转移选择力是指从若干转移产业中评估选择最佳入住者的能力，主要包括信息收集、分析、决策的能力，这些能力的大小主要取决于信息化水平的高低。

表 4－8　2017 年西部地区承接产业转移选择力得分及排名

省　份	得　分	排　名
重庆	0.925924364	1
四川	0.897227836	2
陕西	0.807101799	3
内蒙古	0.166561155	4
云南	0.017721868	5
新疆	－0.177320526	6
青海	－0.244573658	7
贵州	－0.370403412	8
广西	－0.408563466	9
宁夏	－0.423998949	10
甘肃	－0.589678849	11

信息化发展水平总指数是由资源开发利用、信息网络建设、信息技术应用、信息产品与服务、信息化人力资源和信息化发展环境六个方面的 20 项指

标综合测算出来的，因此本章将其作为衡量一个地区信息化发展水平的参考标准。2018 年 4 月，国家互联网信息办公室副主任杨小伟在首届数字中国建设峰会上发布了《数字化中国建设发展报告》（2017 年），该报告公布了全国各省地区信息化发展水平，还指出了信息化发展水平排在前十的地区（见表 4 -9），均高度重视信息化工作，数字经济发展迅速，信息服务普惠高效，信息化对区域协调发展起了很好的辐射带动作用。西部地区共两个省入围全国前十的名单，重庆市、四川省分别位居第八、第九，这也很好地解释了表 4 -8 中两个省承接产业转移选择力因子的得分。

表 4 -9　各省信息化发展总指数排名前十位

地区	信息服务应用	信息技术产业	产业数字化	信息基础设施	网络安全	政策环境	总分
北京	16.57	17.33	18.32	13.65	7.66	9.44	82.97
广东	16.56	18.40	16.78	11.74	8.22	6.67	78.37
江苏	15.59	18.00	14.2	12.77	7.66	10.00	78.22
浙江	16.91	15.63	16.19	13.39	6.29	7.78	76.19
上海	15.27	14.06	18.57	12.14	6.55	6.67	73.26
福建	16.96	11.96	14.24	11.23	7.85	10.00	72.24
天津	14.97	10.83	14.92	11.10	8.39	10.00	70.21
重庆	16.05	10.15	14.71	10.90	7.12	8.89	67.82
四川	14.33	11.95	13.19	9.85	8.95	8.33	66.60
湖北	14.26	10.85	12.68	11.04	9.42	7.78	66.03

4.3.1.3　对比分析支撑力得分及排名

如表 4 -10 所示，陕西省承接产业转移支撑力得分位列西部地区第一，紧随其后的省份分别是内蒙古、四川、广西、重庆和云南，另外五个省份支撑力得分均为负，结合第 2 章的理论我们知道，承接产业转移支撑力指的是该地区对相关产业承载和支持的能力，决定支撑力大小的主要因素有交通基础设施、经济状况、城市发展水平等。首先，交通基础设施建设是一个地区经济发展的基础，良好的交通基础设施建设有助于产品的生产与运输，有助于资源流入和外运，最终也有助于该地区支撑起承接转移产业的发展。结合附录 C 中的原始数据可以看到，陕西、四川、内蒙古等省份在全社会固定投资上投入的资金、当前人均城市道路面积均位于西部地区前列，说明以上几个省份交通基础设施水平相对较高，剩余几个省份则还需加强对交通基础设施的建设。

表 4－10　2017 年西部地区承接产业转移支撑力得分及排名

省　份	得　分	排　名
陕西	0. 656181	1
内蒙古	0. 645524	2
四川	0. 592458	3
广西	0. 299115	4
重庆	0. 054365	5
云南	0. 026051	6
贵州	－0. 08077	7
甘肃	－0. 22027	8
新疆	－0. 34977	9
宁夏	－0. 42409	10
青海	－1. 19879	11

另外，地区环境承载能力也是影响承接产业转移支撑力的一个重要因素，一个地区只有具有良好的可持续发展能力时才能为承接产业的发展提供源源不断的动力。中国提出的可持续发展指标体系综合考虑了资源耗损和环境变化指标，客观反映了经济发展质量，可作为衡量国家或地区可持续发展能力的指标。2018 年 11 月 7 日，中国国际经济交流中心、美国哥伦比亚大学地球研究院和阿里研究院共同发布了《中国可持续发展评价报告》（2018 年），该报告对除西藏以外的 30 个省进行了排名，其中西部地区各省份在全国的排名如表 4－11 所示，2016 年排名全国前十的省份有重庆市、陕西省，2017 年陕西省排名大幅下降至第 15，重庆市排名亦下降一位至第 7，以上排名与表 4－10 中的排名大致吻合，更好地论证了地区承接产业转移的支撑力与该地区可持续发展能力正相关。

表 4－11　西部地区省级可持续发展综合排名（全国）

地区	2016 年	2017 年	名次变动
重庆	6	7	+
内蒙古	12	14	－
陕西	7	15	－
贵州	20	16	+
广西	26	17	+
云南	22	22	+
四川	16	23	－
宁夏	30	26	+
青海	19	28	－
甘肃	29	29	+
新疆	28	30	－

资料来源：《中国可持续发展评价报告》（2018）。

4.3.1.4　对比分析发展力得分及排名

如表 4－12 所示，重庆和陕西承接产业转移发展力得分分别位列西部地区第一和第二，四川和内蒙古紧随其后，另外 7 个省份得分均为负。根据第 2 章的理论分析，承接产业转移的发展力是指该地区使承接的产业不断发展壮大，竞争优势不断增强的能力，该能力主要受地区经济发展水平和科技创新能力的影响。根据发达国家的经验，城镇化水平的高低往往与当地经济发展水平成正比，它是一个国家或地区经济、社会发展到一定程度的阶段性成果。大量人口往城镇迁移，从宏观方面来看，能帮助增加就业、促进产业结构调整、提升生活质量；从微观方面来看，能促进人口、土地等生产要素资源转向城市，从而产生聚集效应，提升承接产业转移的支撑力。

表 4－12　2017 年西部地区承接产业转移发展力得分及排名

省　份	得　分	排　名
重庆	3.419449	1
陕西	3.287814	2

续表

省份	得分	排名
四川	1. 49707	3
内蒙古	0. 411236	4
宁夏	-0. 05615	5
贵州	-1. 01105	6
新疆	-1. 07013	7
甘肃	-1. 10379	8
广西	-1. 35189	9
云南	-1. 48486	10
青海	-2. 53771	11

截至2017年底西部地区各省的城镇化情况如图4－1所示。重庆、内蒙古、宁夏和陕西常住人口城镇化率相对靠前，图中的水平直线表示的是截至2017年底中国的整体常住人口城镇化率为58. 52%，西部地区其余省常住人口城镇化率低于全国平均水平，排名靠后的省份为增强自身承接产业转移的支撑力，则在保证经济持续健康发展的情况下，加速城镇化的进程。另外，科学技

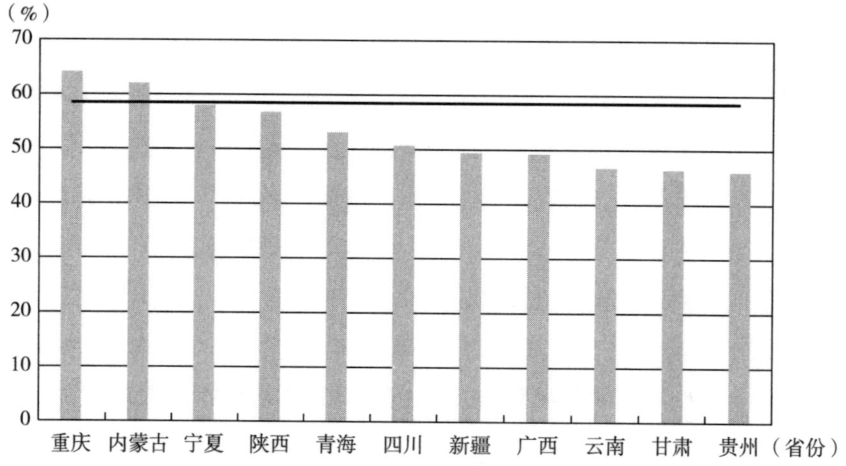

图4－1　2017年西部地区各省份城镇化率

注：水平直线表示中国常住人口城镇化率。

术是第一生产力，科研水平和创新能力的高低对一个地区承接产业转移的发展力有不可忽视的影响，一个地区的科研水平和创新能力往往取决于该地区对科研经费的投入。R&D 经费指的是全社会用于基础研究、应用研究和试验发展的经费支出，可用来衡量一个国家或地区的科技创新力度。因此，本章用 R&D 经费占 GDP 的比重来表示一个地区科研投入的强度。

2018 年 10 月，国家统计局、科学技术部和财政部联合发布了《2017 年全国科技经费投入统计公报》，本章选取了该公报中关于西部地区各省的数据，如图 4－2 所示，图中水平直线表示 2017 年中国平均 R&D 经费投入强度为 2.13%，西部地区所有省 R&D 经费投入强度均低于该水平，其中最高的是陕西省，强度为 2.10%，投入强度在 1～2 的省份共 4 个，按投入强度大小排名依次是重庆市、四川省、甘肃省和宁夏回族自治区；剩余 6 个省份的投入强度均低于 1，其中广西壮族自治区最低，为 0.04%。以上排名与表 4－12 大致吻合，说明地区经济发展水平与科技创新能力与承接产业转移发展力成正比关系。

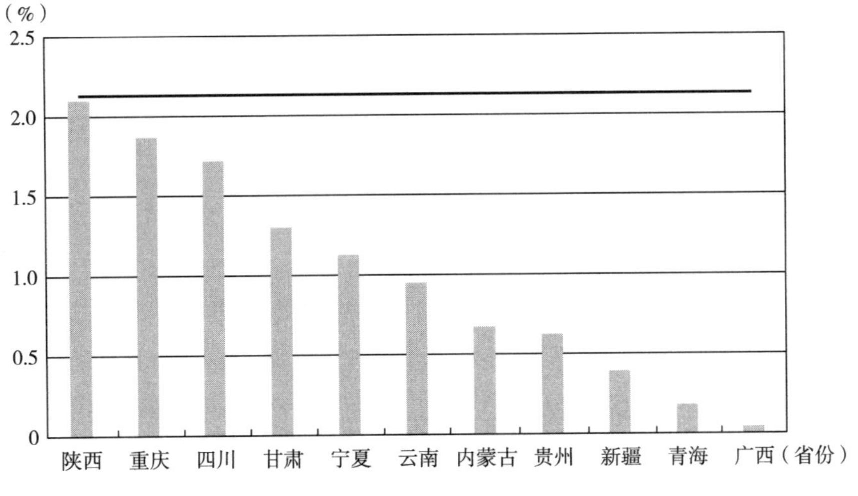

图 4－2　2017 年西部地区各省 R&D 经费投入强度

注：水平直线表示 2017 年中国平均 R&D 经费投入强度。

4.3.2 对比综合能力得分及排名

对四项细分能力得分结果采用因子分析法，可综合评价分析各项能力对西部地区各省承接产业转移综合能力的影响。按照因子分析法的步骤可得出KMO统计量为0.612，巴特利特球形检验统计量为18.651，对应的P值为0.005（见附录B），表明以上数据适合用因子分析法进行综合评价。表4－13表明四川、重庆、陕西和内蒙古综合能力得分为正，其余7个省份得分为负。结合前面的分析可知，上述四个省份市场潜力、经济发展水平、产业配套能力和交通基础设施水平相对较高，科技创新能力虽排在西部地区前列，但仍低于全国平均水平，因此各地区还需加大对科研的投入力度，增强对技术创新的支持力度。

表4－13 承接产业转移综合能力得分及排名

省　份	得　分	排　名
四川	0.992777	1
陕西	0.858193	2
重庆	0.821297	3
内蒙古	0.478556	4
广西	－0.05284	5
云南	－0.28201	6
贵州	－0.30157	7
新疆	－0.38327	8
宁夏	－0.38708	9
甘肃	－0.72346	10
青海	－1.02059	11

4.4 系统聚类进行比较

为更客观、科学地分析西部地区11个省份承接产业转移的能力，我们借助SPSS工具，运用系统聚类分析法对各细分能力及综合能力得分结果进行分类。

4.4.1 系统聚类法的原理与步骤

系统聚类分析是聚类分析中常用于对统计样本进行定量分析的一种方法，其主要步骤如下：

（1）为消除量纲的影响，需要对原始数据进行标准化处理，方法同因子分析法的第一步。

（2）选取度量样本间距离的方法和度量类与类之间距离的方法。

（3）把每个样本看成一类，计算各样本间的距离，得到样本间距离矩阵，然后求出最小的类间距离。

（4）把最小距离的两个类合并成一个新的类，并求出新的类和其余类之间的距离，再把距离最小的两个类合并。

（5）如此重复，直到所有的类都归成一类。

（6）最后得出聚类分析的结果。

需要说明的是，衡量样本间的距离有夹角余弦、欧式平方距离、欧式距离等，类与类之间距离的度量方法有质心聚类、中位数聚类、Ward 法等。本章采用的是 Ward 法，因为 Ward 法并类时总是使并类导致的类内离差平方和增量最小。另外，Ward 法来源于方差分析，若采用该方法，则样本间的距离必须采用欧式距离来度量。

例如，将 n 个样本分成 K 类，G_1，G_2，G_3，…，G_t，用χ_i^t表示G_t中第 i 个样本，n_t表示G_t的样本个数，$\bar{x}^t$表示G_t的均值向量，则G_t样本的离差平方和为：

$$S_t = \sum_{i=1}^{n_t} (x_i^t - \bar{x}^t)^T (x_i^t - \bar{x}^t)$$

整个类内离差平方和是：

$$S = \sum_{t=1}^{k} S_t = \sum_{t=1}^{k} \sum_{i=1}^{n_t} (x_i^t - \bar{x}^t)^T (x_i^t - \bar{x}^t)$$

其具体的过程如下：每个样本自成一类，然后每次缩小一类，并且每缩小一类离差平方和会增大，此时选择使得整个类内离差平方和增加最少的两类进行合并，如此重复，直到所有的样本都归为一类。

4.4.2 系统聚类分析结果

如表4－14所示，系统聚类分析法得出的结果与因子分析法得出的排名吻合，西部地区承接产业转移能力较强的省份有4个，分别是重庆、陕西、四川和内蒙古，这4个地区承接产业转移综合能力得分均为正，并且以上4个地区在第三章中关于吸收内外资规模排名中也是位列前四。另外7个省份承接产业转移综合得分均为负，综合承接力相对较弱，其中甘肃省和青海省得分较低，且当前承接产业转移的规模较小，通过系统聚类法将其归为第三类——综合承接力最弱的地区，其余五个省份归为第二类——综合承接力弱的地区。

表4－14 系统聚类分析结果

综合承接力强弱程度	省份
强	重庆、陕西、四川、内蒙古
弱	云南、广西、贵州、新疆、宁夏
最弱	甘肃、青海

5　西部地区提升承接产业转移能力的对策

通过第 4 章对西部地区各省承接产业转移能力的整体分析和细化分析可知，西部地区（除西藏外）11 个省份关于承接产业转移的综合能力及细化能力参差不齐，根据系统聚类分析法的结果可将西部地区各省份分为三类。因此，为确保分析的科学性，本章在回答如何完善西部地区各省份承接产业转移能力、提出相关政策建议时，将沿用系统聚类法的划分标准，具体问题具体分析。

5.1　第一类地区完善承接产业转移能力

第一类地区承接产业转移的综合能力相对较强，但仍有一些不足之处亟待解决，从而更好地吸引并选择适合当地经济发展的产业落户本地，根据前文的分析，我们针对几个相对突出的问题提出对应的建议。

5.1.1　继续增强科技创新能力

第一类地区的省份包括重庆、四川、陕西和内蒙古，以上 4 个省份承接产业转移综合能力及四项分解能力在整个西部地区范围内均相对较强，但通过第 3 章的数据我们可以看到，西部地区 11 个省份 R&D 经费投入强度均低于全国平均水平。现以重庆市为例，“十二五”规划时期以来，重庆市为更好地承接外来产业落户本地做了较多的准备工作，目前突出的短板是 R&D 经费投入强度虽在西部地区中排名第二，但仍低于全国平均水平，与沿海地区相比差距更大。因此，为更好地完善承接产业转移能力，重庆市还需持续加大 R&D 经费的投入强度。2015 年 6 月，重庆市人民政府为进一步加大全市的科研经费投入，激发全社会的创新活力和动力，出台了《重庆市深化体制机制改革加快实施创新驱动发展战略行动计划（2015 — 2020 年）》，该行动计划方案提出要以市场为导向、以企业为主体、以科技成果产业化为关键，引导大型企业加大研发经费投入、支持中小型企业加大研发经费投入、鼓励微型企业开展研发活动，力争在 2020 年全社会 R&D 经费投入强度达到 2.5% 以上，赶上全国平均水平。《全国科技经费投入统计公报》数据显示，2017 年重庆市 R&D 经费投入强度为 1.87%，比 2016 年提高了 0.16 个百分点，与全国平均水平的差距从 2015 年的 0.5 个百分点缩小为 0.25 个百分点。为准时达成目标，重庆市在严格执行该行动计划方案的同时，还应加强开放合作，积极引进培育国际国内的学术交流平台，推进国内外创新合作，特别是加强与“一带一路”沿线国家的科技合作与交流。与重庆市情况类似的第一类地区的另外三个省份，为进一步提升承接产业转移的能力，还需鼓励企业加大科研投入，增强创新能力。

第一类地区的其他省份也存在相似的问题，陕西、四川和内蒙古出台了一系列支持科研创新的政策，如四川省发布了《四川省激励科技人员创新创业十六条政策》；陕西省出台了《支持金融创新助推实体经济发展若干财政政策》；内蒙古颁布了《内蒙古自治区人民政府关于强化实施创新驱动发展战略进一步推进大众创业万众创新深入发展的实施意见》等，这些政策虽在一定程度有助于提升地区创新能力，但各省 R&D 经费投入强度依然低于全国平均水平，正如四川省省长尹力（2018）在“四川省科技奖励大会”上提到的，“我省科技事业发展取得长足进步，但也要清醒地看到企业创新主体作用不显著、自主创新能力有待提升、科技成果转化率不高等问题，必须采取有力措施切实加以解决”。另外，在继续加大科研经费投入强度的同时，也要重视民营科技企业在科技成果转化中的作用，鼓励企业引进技术、消化、吸收再创新，优先支持企业自主研发的科技成果。

5.1.2 基础设施建设均衡发展

基础设施是产业持续发展壮大的重要基石，通过附录C中的原始数据可以看到，内蒙古固定资产投资规模，重庆、四川、陕西人均道路面积，重庆地区货运量均低于西部地区平均水平。由于西部地区面积广阔、人口众多，各省内部社会经济发展不均衡的现象非常普遍，即经济发达的大城市基础设施建设水平较高，多数小城市，甚至是未来可能承接产业转移的潜在城市基础设施建设水平较低。因此，为进一步完善第一类地区承接产业转移的能力，各省还需根据现实情况，促进基础设施建设均衡发展。现以四川省为例，四川作为西部地区的大省，辖18个地级市、3个自治州。不同区域经济发展速度、承接产业转移的能力参差不齐，四川省省会成都市及其周边发展相对较快，甘孜藏族自治州、西昌市等则发展相对落后。四川省在承接产业转移支撑力方面，公路密度和城镇化率均有待进一步提高。首先，四川省各城市间交通基础设施发展程度不均衡。大城市由于经济、科学技术发展突飞猛进，其交通基础设施发展水平远高于全省的平均水平；中等城市发展水平基本与全省平均发展水平保持一致；而小城市交通基础设施发展速度则较为缓慢，如成都市与阿坝州自治区的交通基础设施发展水平就存在明显的差距。因此，为提升整体公路密度，进而为承接产业转移做好准备，四川省应将主要的人力和资金投入到中小城市吸引外来投资的规模、承接转移产业等交通基础设施上，不仅要充分考虑建设地方的周围环境、地质地形、人流量和车流量，还应与当地未来的经济发展紧密联系起来，明确道路的功能性，确保规划的长期性，从而有效地提升四川省整体的公路密度，更好地支撑转移产业在当地的发展。

5.1.3 促进经济可持续发展

地区环境承载能力与经济可持续发展水平息息相关，根据表4－11可以看到，2017年西部地区在全国可持续发展水平排名前十的省份只有重庆市，结合附录C中的原始数据可以看到，四川、内蒙古单位地区生产总值能耗，重庆、四川单位产值废水排放量，重庆、四川、内蒙古、陕西人均水资源拥有量均低于西部地区平均水平。2018 年 9 月 21 日，在“第三届中国西部城市可持续发展论坛”上，四川省社会科学院、联合国开发计划署北京代表处联合发布了《2018 西部城市可持续发展报告》，该报告显示，四川成都、陕西西安、内蒙古包头可持续发展水平位列西部地区前三，其他市（自治州）排名则相对落后。

2013 年 9 月，习近平总书记提出，“我们既要绿水青山，也要金山银山。宁要绿水青山，不要金山银山，而且绿水青山就是金山银山”。强调了生态环境对地区乃至国家经济持续发展的重要性，比如，资源约束强化、水土流失，地区盲目开发、过度开发、无序开发到接近或超过资源环境承载能力的极限，温室气体排放总量大、增速快，等等。这种状况不改变，能源资源将难以支撑、生态环境将不堪重负，反过来必然对经济可持续发展带来严重影响，产业发展的空间和后劲将越来越小。因此，为进一步提升第一类地区环境承载力，促进经济可持续发展，各地方政府应当完善纪律制度，建立起严格的责任追究制度，对环境资源造成严重损害和破坏的企业必须严肃处理并责令改正。另外，目前中国正从工业文明向生态文明转变，创新对提升城市经济发展质量和可持续发展越发重要，以上四个省份应当严格按照党中央的决策部署，积极推动经济转型升级，促进经济有效益、有质量、可持续发展。

5.2　第二类地区增强承接产业转移能力

第二类地区的省份包括云南、广西、贵州、新疆、宁夏，未来这些地区在承接产业转移方面具有较大的发展潜力和较好的发展前景。与第一类地区相比，第二类地区承接产业转移综合能力相对较低，但在某些方面存在一定优势，因此，为增强承接产业转移能力，在弥补自身不足的同时，还应充分发挥已有的优势。

5.2.1　变资源优势为产业优势

第二类地区不同省份在资源禀赋方面具有各自的比较优势，各地区应当利用好自身的资源要素禀赋优势，以此提升对相关产业的吸引力。通过表3－2我们可以看到，除宁夏外，第二类地区人均水资源拥有量均高于西部地区平均水平；此外，广西是全国10个重点有色金属产区之一，已探明储量的矿藏有97种；贵州是全国主要的动植物种源地和四大中药材的主产地之一，全省中药材共4852种；宁夏石膏矿藏量居中国第一，煤炭探明储量达300多亿吨，预测储量达2020多亿吨，人均占有量是全国平均水平的10.6倍等。第二类地区需要坚守生态和发展两条底线，积极适应经济发展新常态，以市场为导向、改革开放为动力、创新为支撑、文化为内涵，以资源精深加工和市场建设为重点，紧抓中东部地区产业转移机遇，优化资源配置，合理布局产业，着力引优扶强，积极开拓市场，强化品牌建设，推动规模经营，打造完整产业链条，增强综合竞争能力，依托自身资源优势，努力把相关产业培育成为重要的特色优势支柱产业，从而实现从资源优势向产业优势转变。例如，加大新疆、内蒙古等地石油、天然气资源勘探开发力度，建设石油、天然气开发及相关产业基地；建设广西沿海地区炼油及相关产业基地；大力发展新疆、宁夏等地风能、太阳能和其他新能源；建设宁夏宁东、贵州毕节、新疆哈密等地煤炭生产、煤电一体化基地，择点建设煤制油等煤化工基地等，从而形成一大批西部地区优势产业。

5.2.2　提高信息化发展水平

通过表4－9可以看到，第二类地区五个省份均未入围全国信息化发展水平前十名，结合附录C中的原始数据，第二类地区信息传输、计算机服务和软件业城镇单位就业人员占全部人口的比例均低于西部地区平均水平，云南、贵州信息传输计算机服务和软件业固定资产投资占全社会固定资产投资的比例仍低于西部地区平均水平。因此，为进一步提升承接产业转移的能力，从而在承接产业时选择适合当地经济发展的产业，第二类地区五个省份还需加快对信息基础设施的建设，努力提升地区信息化发展水平。统计数据显示，西部地区与东中部地区信息化发展水平差距在不断拉大，客观原因是西部地区地广人稀，以上五个省份的人口密度更是排在全国倒数前十的位置，主观原因是西部地区尤其是第二类地区和第三类地区在网络基础设施建设和先进信息化应用上的投入强度和速度均远远落后于东、中部地区。因此，为提升第二梯队地区承接产业转移的选择力，以上五个省份还应持续加大信息基础设施的投入，继续深化信息技术的应用，提升信息化应用效应，努力提高当地信息化发展水平，在承接产业转移时选择能与当地产业协同发展的产业，相互促进。贵州省、广西壮族自治区人民政府先后出台了相关通知，进一步加快本地通信基础设施建设，深入实施网络强省战略。在建设过程中，除了严格执行计划以提升整体信息化发展水平，还应根据不同区域的需求，结合其未来的发展，制定好先后顺序，逐次完善直至全省信息化发展水平能较好地为承接产业转移服务。政策实施过程中，各利益方应当积极配合，努力做好自身的工作，不断提升地区信息化发展水平，为承接产业转移做好准备。

5.2.3 努力提升地区城镇化率

城镇化水平的高低往往与经济发展水平正相关，根据发达国家的城市化经验，城市化率为30% ~70% 是加速城市化的时期，中国正处于这个区间，而发达国家的城镇化率在80% 左右。通过图 4 -1 我们可以看到，第二类地区除宁夏外，其余四个省份城镇化率均低于全国平均水平，结合附录 C 中的原始数据，2017 年第二类地区居民可支配收入水平均低于全国平均水平（25973. 79 元），除宁夏外的四个省份甚至低于西部地区平均水平（20189. 6 元），居民人均消费支出也低于全国平均水平（18322 元）。城镇化的发展有助于提升地区经济水平和经济质量，从而提升人民的消费能力，扩大市场容量，在一定程度上有助于吸引转移产业落户本地。

城镇化能加速实现区县农业现代化，大部分地区通过发展城镇化，使得农民向二、三产业转移，促进农村土地集中耕种，提高土地规模经营和集约化程度，从而降低生产成本，提升生产效率，促进产业结构优化。其次，城镇化助推了县域转变经济发展方式，带动了消费持续增长，例如，有 10% 的农村人口转化为城镇人口，则新增的城镇居民将带动县域消费总需求增长近 10% 。城镇化发展的过程也会促进地区基础设施建设，不断优化经济发展硬环境，为承接产业转移打下基础。当然，在促进农村人口转化为城镇人口的同时，也要努力改善转入人口的生产条件、生活质量和生活方式。同时，还需因地制宜，根据不同地区经济发展规模、资源环境、承载能力和就业潜力等，适合大城市发展的地区就要发展大城市，适合小城市发展的地区就要发展小城市。加大产业支撑力度，为城镇化发展提供持续动力，推动城镇化向环境友好型和资源节约型发展。

5.3 第三类地区建设承接产业转移能力

第三类地区包括甘肃和青海两个省份，通过第 3 章的数据可以看到，2017 年甘肃和青海实际利用外资的规模分别是 5.5 亿美元、0.18 亿美元，远低于西部地区平均水平（32.04 亿美元），结合第 4 章的分析可知，以上两个省份承接产业转移的能力位于西部地区排名的末位。第三类地区承接产业转移的各项条件尚不成熟，还需继续增强自身经济实力，逐步建设承接产业转移的能力。

5.3.1 促进经济稳定增长

地区经济发展水平的高低影响甚至决定了产业在当地的发展情况，2017 年甘肃和青海的地区生产总值分别是 7459.9 亿元、2642.8 亿元，人均地区生产总值分别是 28497 元、44047 元，均低于西部地区平均水平，在这种情况下，第三类地区很难吸引外来投资。第三类地区经济发展水平一方面受客观条件影响，如甘肃资源禀赋差、可利用土地少且贫瘠、气候干旱少雨，青海地处西北内陆、气温低且昼夜温差大、春旱、夏涝不利于农耕等；另一方面也受人为因素的影响，如甘肃和青海整体受教育年限相对较低，教育水平和管理体制落后等。

第三类地区的经济发展水平很难在较短时间内突飞猛进，因此保持经济平稳增长是目前的最佳选择。教育水平落后和因此带来的劳动者素质不高、价值观念落后等问题在很大程度上制约了甘肃和宁夏的经济发展。通常情况下，人均受教育年限与地区教育发展水平一脉相承，如图 5－1 所示，2009～2017 年，第三类地区每十万人口高等学校平均在校生数保持缓慢增长的态势，但与全国平均水平相比仍有一定的差距。在当今这个知识经济时代，人作为知识的载体，人才多寡和素质高低直接影响了地区经济发展的后劲。作为人才的培养基地，教育产业为知识的生产、传播和应用提供了可靠的人力保障，因此，第三类地区应当大力发展教育、加快人才培养，以政策或环境吸引并留住人才，积极培育和发展人才、技术等市场，通过完善市场机制，促进资源合理分配，加速经济快速发展。另外，第三类地区目前的资源和经济实力有限，应当集中资源发展重点城市，进一步促进对外开放交流。如把“一带一路”建设作为甘肃发展的最大机遇，落实好渝桂黔陇四方合作共建中新南向通道框架协议，共同开展通道规划编制工作，提升中欧、中亚、南亚国际货运班列运营效益，争取开通兰州—巴基斯坦瓜达尔港公铁联运班列等。

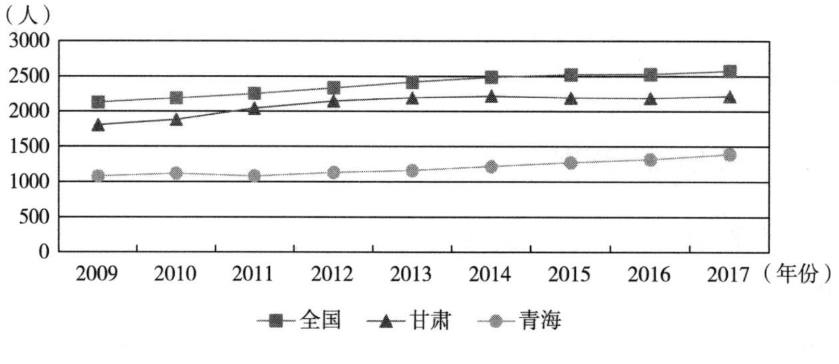

图 5－1　每十万人口高等学校平均在校生数

注：高等学校包括普通高等学校和成人高等学校。

资料来源：国家统计局。

5.3.2　强化基础设施建设

基础设施是地区经济活动正常运行的基础，也是经济布局合理化的前提，

“要想富，先修路”已成为全民共识。通过图 3 – 3 可知，第三类地区全社会固定资产投资规模位于西部地区末位，基础设施还有待进一步完善。道路交通设施是城市最基本的基础设施，道路交通设施的建设水平直接关系到整个城市的正常运转，必须做好城市道路基础设施建设管理工作，从工程立项到项目建设施工再到最后的维护都需要积极的管理。加强城市基础设施建设，要有创新的理念、创新的管理，更要有创新的技术作为支撑。加快基础设施大项目建设，第三类地区还需积极推进“宽带中国”“宽带乡村”建设，放宽市场准入，加快农村光缆线路、无线网络和有线电视网络等通信基础设施建设，提升通信网络覆盖范围和服务质量，满足农村基本通信需求；鼓励通信运营企业和社会资本通过竞争性招标，公平参与贫困村宽带建设和运行维护，加快推进电信普遍服务试点建设，加大对贫困县的政策和资金倾斜；鼓励通信运营商、信息服务商、电商积极开展合作，为贫困地区农民群众提供用得上、用得起、用得好的网络服务。

中篇

产业政策对区域经济协调发展的影响

6　中国西部地区承接产业转移的政策效果

——基于双重差分倾向得分匹配法的研究

在国际产业转移第四阶段中，中国东部地区凭借良好的区位优势、优惠的政策支持等，积极承接欧美、日本、中国香港和中国台湾等地的劳动密集型产业转移。东部地区通过承接产业转移促使经济高速发展，但近些年东部地区要素成本显著上升，资源环境压力增大，传统产业优势递减、产业转型升级压力日益迫切，而中国西部地区要素价格低、资源储量丰富、基础条件逐渐改善、优势日益凸显，发展潜力逐渐显现。在这种情况下，加快推动东部地区劳动密集型等传统产业向西部地区转移成为协调区域发展、扩大内需和实现经济内循环的重要举措。为了更好地承接东部地区产业转移，国家和地方政府自 2000 年来实施各种惠利政策以改善西部地区承接产业转移的条件。在西部地区承接产业转移 10 年之际，出台了《国务院关于中西部地区承接产业转移的指导意见》，旨在以产业转移推进产业结构调整，加快经济发展。由此，我们产生疑问：在过去的十年中，西部地区承接产业转移政策是驱动了西部地区经济快速增长还是落入了“政策陷阱”之中？若要促进西部地区经济增长，能够进行怎样的产业转移政策调整优化？因此，科学评价西部地区承接产业转移的政策效果不仅对政策本身的实施和完善具有重要意义，而且能够为中西部地区进一步深化产业转移政策提供理论和实践指导。本章前半部分基于 1999 ~ 2010 年中西部地区 165 个地级市面板数据，利用双重差分倾向得分匹配法（PSM - DID）验证西部地区承接产业转移对地区经济增长的影响。实证研究表明，西部地区承接产业转移未能有效推动西部地区经济快速增长，落入了“政策陷阱”之中，在既有体制激励下，国家和地方政府都过度集中于固定资产投资和资源能源开发，忽视了产业结构内部的调整优化，造成产业结构调整滞后，西部地区承接产业转移的政策效应没有得到有效发挥。为了摆脱以政策扶持和投资拉动的政策陷阱，本章后半部分引入产业集聚和优势产业分析，为产业转移政策优化注入新动力。基于区位熵来测度和分析西部地区产业集聚程度以及各产业的竞争力，结果表明，西部地区产业集聚类型受要素禀赋所限，产业层次低，区域专业化程度低。因此，西部产业发展应从实际出发，依托现有的产业基础，选择自己优势的产业承接集聚，使承接产业转移政策能够真正成为推动西部地区经济增长的重大举措。

6.1 文献综述

6.1.1 承接产业转移的政策效果研究

关于西部地区承接产业转移的政策效果，近些年学者们进行了多方面的研究，从经济增长角度评估政策效果出发，万永坤（2011）运用区位熵、产业结构效益、产业影响力等统计指标，以东西部产业差异度为切入点，分析得出西部地区承接产业转移优化了产业结构，带动了地区经济快速增长。但是，郭丽娟等（2013）认为，西部地区在为经济增长的产业承接目标下，陷入了“高增长地发展”陷阱，未能有效促进产业结构优化升级以及经济发展；而尹磊（2010）、程李梅等（2013）认为，产业转移是一把“双刃剑”，受制于各种理论与体制机制问题，西部地区承接产业转移产生一定效应的同时，也难免产生一些问题，例如，产业转移容易导致西部地区“高增长、低发展”的陷阱；从政策评估方法出发，刘红光（2011）等测算了中国 1997 ~ 2007 年区域间产业转移，发现产业向中西部地区转移的趋势并不明显，表明西部地区承接东部产业转移没有实现培育区域优势产业的预期目标，因此陷入“转移陷阱”。邵帅（2008）通过固定效应模型对能源开发与经济增长之间的相关性及其传导机制进行了分析，表明西部地区承接产业转移加速能源开发确实带来了“诅咒效应”。

综上所述，目前的研究仍存在着一些不足。在研究内容方面，大多数文献从产业结构为切入点评价该政策对西部产业的影响，但是对于西部地区承接产业转移对经济增长并没有进行直接深入探讨和分析。在研究方法方面，侧重于定性分析和描述性数据分析，而没有涉及更为科学的双重差分法的使用。

针对现有研究的不足，本章试图利用最新发展的双重差分倾向得分匹配法和中西部地区 1999～2010 年市级面板数据，对西部地区承接产业转移的增长驱动效应展开研究。

6.1.2 产业集聚和优势产业

国外对产业集聚的相关研究中，Czamanski（1971）把产业集聚定义为产业活动在空间上的集聚；Krugman（1994）应用不完全竞争经济学、递增收益、路径依赖和累积因果关系等对产业空间集聚进行了解释；Porter（1995）在研究国家竞争优势的过程中，提出地区竞争力的著名“钻石”模型，强调产业集聚对地区产业国际竞争力的作用，认为产业集聚能够促进区域竞争，保持或增加其经济增长速度；Arthue（2001）认为产业集聚是递增收益、历史积累或路径依赖和区位“锁定”时，生产活动所形成的结果。国内对产业集聚的研究始于 20 世纪 90 年代，主要是借鉴和运用国外的产业集聚理论来分析我国发生的典型的产业集聚现象。罗勇和曹丽莉（2005）利用艾利森和格莱赛的产业地理集中指数计算了中国 20 个制造行业 11 年间的地理集中指数并进行了分析，得出 20 个制造行业在中国的集聚情况，并具体给出了各省的主要集聚产业；王子龙和谭清美等（2006）利用产业空间集聚指数和行业集中度 CR_n 指标对中国部分制造产业 1994～2003 年集聚水平进行了测度。结果表明：在研究时限内，除医药制造行业存在下降趋势以外，中国制造产业的总体集聚程度正在不断提高，产业集聚和地方化呈现增长趋势。

目前，在产业集聚的研究中，对产业集聚的性质、成因及优势等方面的研究较多，对产业集聚水平测度的研究相对较少；在研究方法上，定性的研究较多，定量分析的较少；在研究区域上，对全国、东部地区研究较多，对西部地区研究较少。因此，本章将使用实证方法对西部地区产业集聚状况进行分析，并基于产业集聚状况考察西部地区的优势产业。

6.2 PSM – DID 模型设定

西部地区承接产业转移可以被看作在西部地区进行的一项准自然试验，通常使用双重差分 DID 方法对政策效果进行评估，西部地区包括重庆、四川、云南、山西、甘肃、贵州、新疆、内蒙古、广西、宁夏、青海、西藏 12 个省份，本章利用区域产业转移指数测度 1999 ~ 2010 年西部地区各省份以及各年份是否承接产业转移，将西部地区承接产业转移的省份作为处理组，而西部地区各年未承接产业转移的省份作为控制组；进一步将 1999 ~ 2010 年中西部地区各个省份划分为 4 组子样本，即西部地区承接产业转移之前的处理组、西部地区承接产业转移之后的处理组、西部地区承接产业转移之前的控制组和西部地区承接产业转移之后的控制组。本章通过设置 du 和 dt 两个虚拟变量区别上述 4 个子样本，其中，du = 1 代表承接产业转移的西部省份，du = 0 代表未承接产业转移的中部省份，dt = 0 代表西部地区未承接产业转移的年份，dt = 1 代表西部地区承接产业转移的年份。根据上述样本的界定，设立以下基本回归模型：

$$Y_{it} = \beta_0 + \beta_1 du_{it} + \beta_2 dt_{it} + \beta_3 dt_{it} du_{it} + \beta_4 Z_{it} + \varepsilon_{it} \quad (6-1)$$

其中，下标 i 和 t 分别代表第 i 个省份和第 t 年，Z 代表一系列控制变量，ε 为随机扰动项，被解释变量 Y 度量了各省的经济增长，具体指标包括人均 GDP 和实际 GDP 的对数值。

但是，因为中国不同省份发展具有较大的异质性，不同省份之间很难满足时间效应一致的条件。因此，在运用 DID 方法前需要使实验组和控制组省份在各方面特征上尽可能地相似，也就是说选择与实验组特征尽可能相似的未承接产业转移的中部省份作为控制组。针对这一问题，本章利用从 Heckman

（1976）、Rosenbaum 和 Rubin（1983）发展而来的倾向得分匹配法（PSM）来消除样本选择偏差。进行 PSM 排除西部地区承接产业转移的地区与其他地区经济增长随时间变化的系统性差异，避免样本选择偏差问题，使实验组和控制组更好地满足共同趋势假设，然后将匹配后的实验组和控制组进行 DID 估计，消除变量内生性，最终准确地评估西部地区承接产业转移对西部经济增长的净影响。

6.3 西部地区承接产业转移对经济增长的影响研究

6.3.1 模型构建及变量数据说明

6.3.1.1 模型构建

依据上述分析，基于 DID 模型，进一步利用 PSM－DID 方法进行稳健估计，具体步骤为：①利用 PSM 找到与实验组特征最接近的控制组；②利用匹配后的实验组和控制组进行 DID 回归。

6.3.1.2 变量数据说明

本章使用 1999～2010 年中西部地区 165 个地级市的面板数据来评价西部地区承接产业转移对区域经济的影响。数据来自《中国城市统计年鉴》和各省市的统计年鉴，并采取年平均增长率法补齐部分年份的缺失数据。之所以将样本区间选为 1999～2010 年，一是考虑数据的可得性，1999 年之前数据指标严重缺失；二是控制组的样本为中部 6 省的地级市数据，考虑到 2010 年颁布的《国务院关于中西部地区承接产业转移的指导意见》，自 2010 年国家开始重视推动中部地区产业转移，中部地区与西部地区产业转移的政策差异逐渐减弱。此外，我们还控制了其他影响地区经济发展的因素，借鉴已有的文献，这些控制变量包括产业结构、投资水平、政府支出、人力资本水平、技术水平、金融储蓄，所有变量的详细计算方法如表 6－1 所示。

表 6 – 1　主要变量及其计算方法

影响因素	变量含义	计算方法
产业结构	sein 第二产业	第二产业增加值/GDP
	thin 第三产业	第三产业增加值/GDP
投资水平	fdi 实际利用外资水平	（实际利用外资 × 汇率）/GDP
	far 固定投资水平	地区固定投资/地区 GDP
政府	gov 政府规模	地区财政公共预算支出/地区 GDP
发展水平	lngdp 地区 GDP 取对数	对地区 GDP 取对数
	lnpergdp 地区人均 GDP 取对数	对地区实际人均 GDP 取对数
	tp 技术进步	技术市场成交额/GDP（%）
	edu 教育水平	高等学校在校生人数/地区总人口
金融市场	sr 储蓄率	城乡居民储蓄额/地区 GDP
承接产业转移	trans 是否承接产业转移	虚拟变量（0，1）

为了更好地度量地区经济发展的影响因素，我们对原始数据进行了相应处理，将地区实际 GDP 的对数值作为被解释变量，将产业转移（trans）作为虚拟变量。2000 年，我国实施了西部大开发战略，鼓励外商直接投资。当时西部地区承接区际产业转移的主要区域为四川和重庆，而贵州、甘肃、内蒙古承接产业转移规模较小。从 2005 年开始，国家为促进西部地区经济发展提供了政策和资金支持，使我国劳动、资本以及技术密集型产业从东部地区逐渐向西部地区转移，西部地区承接的产业转移规模逐渐增加。截至 2017 年底，由于四川等省份产业集聚区的建立，四川、重庆、贵州和甘肃的引资规模大，成为产业转移的第一层次地区；局域第二层次省份为内蒙古、山西和广西；而青海、新疆和宁夏引资规模比较小，为第三层次。由此可知，西部地区承接产业转移是一项层层递进的政策，且由于各地经济基础和政府政策的差异，承接产业转移的年份也有所区别。为了使核心虚拟变量 trans 更具准确性和严谨性，本章通过计算 2000 ~ 2010 年西部 11 个省份各年度的产业转移指数，对各省份是否在某一特定的年份承接了产业转移作出严格的界定。对于产业转移规模的测度，借鉴戴宏伟（2006）等的方法，采用地区制造业增加值占全国比重的变化来表征区际产业转移规模。具体而言，假设地区 j 中产业 i 在第 n 年和 m

年（n < m）的增加值占全国比重分别为 P_{nij} 和 P_{mij}，则产业转移规模系数为：

$$CSIT = P_{nij}/P_{mij} \tag{6-2}$$

若 $P_{nij}/P_{mij} > 1$，表明从第 n 年到第 m 年地区 j 中产业 i 的总产值在全国所占份额减少，即在此期间地区 j 中产业 i 存在产业转出；反之，若 $P_{nij}/P_{mij} < 1$ 则表明从第 n 年到第 m 年地区 j 中产业 i 的总产值在全国所占份额增加，即地区 j 中产业 i 存在产业转入。据此可以计算 2000 ~ 2010 年我国西部 11 省产业转移指数，结果见附录 E。

根据附录 E，将西部各省份中产业转移规模系数大于 1 的年份确定为承接产业转移的年份，其虚拟变量 trans 赋值为 1，作为处理组；产业转移规模系数小于 1 的赋值为 0，作为控制组。在后文运用 PSM - DID 方法进行稳健性检验的过程中，指定地区变量为个体 ID，使用 Logit 模型估计倾向得分并进行核匹配，在此基础上进行一系列检验。

为了控制其他影响经济增长的因素，我们还选取了一系列控制变量，将控制变量考虑到分析中，目的在于更加客观、准确地评价西部地区承接产业转移对经济增长的净效应。改革开放后中国发展的一个鲜明特点就是高储蓄率，储蓄率的水平直接影响投资和消费，进而影响地区经济发展（李扬和殷剑锋，2005）。投资是经济增长的重要拉动力，固定资产投资是增加社会财富的重要手段，以往的研究也都说明固定资产对于地区经济增长影响比较大，由此，分析中引入固定资产投资（far）参与控制。中国改革开放四十多年的发展中，离不开外商投资的贡献，不少文献分析中也采用了外商直接投资水平（fdi）。另外，经济结构差异是造成地区经济增长差异的重要原因，第二、三产业比重可以检验结构性因素对地区经济增长的作用。根据内生增长理论，生产要素成本、人口素质和人力资本水平是推动技术进步，实现长期经济增长的重要因素，本章用每万人普通高校在校人数度量地区人力资本水平。各变量的描述性统计结果如表 6 - 2 所示。

6.3.2 西部地区承接产业转移政策效应分析

首先运用双重差分（DID）方法来评估西部地区承接产业转移对所在地区

表 6-2　主要变量的描述性统计

变量名称	最大值	最小值	均值	标准差
lngdp	18.188	12.037	14.864	0.911
lnpergdp	12.073	4.595	9.131	0.772
trans	1	0	0.424	0.494
sein	0.910	0.143	0.453	0.125
thin	0.652	0.053	0.347	0.078
far	3.115	0.024	0.457	0.246
fdi	0.343	5.41e-06	0.011	0.015
gov	1.027	0.039	0.136	0.080
tp	1.159	0.002	0.128	0.175
sr	3.065	0.003	0.687	0.255
edu	8.296	8.38057e-06	0.014	0.188

经济增长的净效应。采用固定效应模型来估计面板双重差分模型，回归结果如表 6-3 所示。表 6-3 中，列（1）、列（2）是没有加入控制变量时的估计结果，列（3）、列（4）是加入控制变量后的回归结果。结果显示，在不加入其他控制变量时，西部地区承接产业转移对经济增长的作用不明显；加入控制变量后，结果显示西部地区承接产业转移并未推动西部地区 GDP 和人均 GDP 的明显增长。控制变量的回归结果表明，西部地区经济发展中，产业结构、教育水平、固定投资、外商投资、政府支出、技术水平都可以显著推动地区增长，第二产业作为经济增长的重要推动力作用明显，而过高的储蓄率则阻碍了经济增长。

表 6-3　西部承接产业转移对地区经济增长的作用

解释变量	lngdp	lnpergdp	lngdp	lnpergdp
	(1)	(2)	(3)	(4)
did	0.0771 (0.0581)	0.0252 (0.0579)	-0.00106 (0.0376)	-0.0568 (0.0377)
sein			4.481*** (0.211)	4.644*** (0.212)

续表

解释变量	lngdp	lnpergdp	lngdp	lnpergdp
	(1)	(2)	(3)	(4)
thin			1.737*** (0.271)	2.031*** (0.272)
edu			0.124*** (0.0399)	0.117*** (0.0401)
far			0.763*** (0.0495)	0.747*** (0.0497)
sr			-0.267*** (0.0460)	-0.274*** (0.0462)
gov			1.216*** (0.185)	0.968*** (0.186)
tp			1.793*** (0.198)	1.820*** (0.199)
fdi			1.106* (0.648)	1.312** (0.651)
_cons	14.18*** (0.0265)	8.479*** (0.0264)	11.43*** (0.158)	5.596*** (0.159)
N	1980	1980	1980	1980
R^2	0.306	0.720	0.287	0.707

注：括号中为标准误；*、**、***分别表示在10%、5%、1%水平上显著。

6.4 稳健性检验

为了克服西部地区与其他地区经济增长的变动趋势存在的系统性差异，以降低DID估计的偏误，下文进一步采用PSM-DID方法进行稳健性检验。

6.4.1 适用性检验

为保证PSM-DID方法的有效性，下面对控制组和实验组进行适用性检验。选取教育水平、二三产业结构、FDI、政府支出、固定投资、技术水平、金融储蓄7个协变量进行匹配。检验结果如表6－4所示，原假设为实验组和控制组协变量之间无显著差异，结果表明不能拒绝原假设，即可认为协变量的均值在实验组和控制组之间不存在显著差异，即各变量在处理组和控制组的分布变得均衡，说明匹配后两组样本各方面非常相似，样本的选择性偏差基本消除。总体来看，采用PSM－DID方法验证是合适的，同时检验结果显示两组样本的经济增长水平在5%的水平上存在显著差异，即西部地区承接产业转移确实影响了地区经济增长。

表6－4　PSM－DID方法适用性检验

变量	控制组均值	实验组均值	差分	t统计量	P值
lngdp	14.924981	14.7803005	-0.14	-3.50	0.0413**
edu	0.01002	0.01008	0.0	0.09	0.931
sein	0.45092	0.44863	-1.8	-0.36	0.715
thin	0.34722	0.34948	2.8	0.54	0.589
far	0.52191	0.53206	4.3	0.80	0.421
sr	0.71616	0.70949	-2.6	-0.49	0.627
gov	0.15992	0.16123	1.7	0.33	0.741
tp	0.15878	0.15173	-4.0	-0.66	0.507

注：原假设为实验组与控制组变量之间无显著差异。

6.4.2　稳健性检验

以下运用核匹配（Kernel Matching）进行估计，对西部地区承接产业转移推动西部地区经济增长的作用进行稳健性检验，估计结果如表6－5所示。

表6－5　PSM－DID稳健性检验

	政策前控制组	政策前处理组	政策前控制组与处理组的差分	政策后控制组	政策后处理组	政策后处理组与控制组差分	双重差分检验结果
lngdp	14.183	14.033	-0.150	15.177	14.866	-0.311	-0.161
标准误			0.095			0.044	0.105

续表

	政策前控制组	政策前处理组	政策前控制组与处理组的差分	政策后控制组	政策后处理组	政策后处理组与控制组差分	双重差分检验结果
t 值			-1.58			7.04	1.54
P 值			0.115			0.000***	0.124
lnpergdp	8.188	8.481	0.293	9.051	9.265	0.214	-0.079
标准误			0.086			0.038	0.094
t 统计量			3.39			5.63	0.83
P 值			0.001***			0.000***	0.406

注：lngdp、lnpergdp 两个指标下，参与匹配的样本数分别为 1778、1686，其中实验组样本数分别为 936、805，控制组样本数分别为 842、881，R^2 分别为 0.3025、0.3213。

回归结果显示，在进行 PSM - DID 之后，西部地区承接产业转移政策对西部经济增长仍然表现出显著的负向作用，这进一步验证了前文的分析结果，即西部地区未能有效促进当地经济增长，落入了政策陷阱之中。

6.4.3 动态作用检验

西部地区承接产业转移是协调区域经济发展的重大战略举措，其对经济增长的影响受到政策调整和地方政府执政经验的影响。那么随着时间变化，西部地区承接产业转移对经济增长的推动作用是否会逐渐显现？表 6 - 6 对西部地区承接产业转移政策是否存在动态效应进行了检验。列（1）、列（2）为不加入控制变量的回归结果，列（3）、列（4）为加入控制变量的回归结果。分析可得，无论是否加入控制变量，在 2001 年，即西部地区承接产业转移政策执行的当年，虚拟变量系数开始显著为负。这说明在西部地区承接产业转移政策开始阶段，由于当地政府过度重视资源产业而忽视长期发展，对经济增长产生了挤出效应。政策执行的 5 ~ 6 年后，随着对承接产业转移的重视和地方政府实践能力的增强，西部地区承接产业转移对经济增长的作用开始由负转正，并逐渐变得显著。这意味着在承接产业转移的过程中，应该及时发现问题并针对存在的问题调整现行政策来完善政策措施，才可能逐渐转变西部地区承接产业转移对经济增长的负面影响。

表 6-6　西部承接产业对地区经济增长的动态作用检验

解释变量	lngdp	lnpergdp	lngdp	lnpergdp
	(1)	(2)	(3)	(4)
dt	0.7809243*** (11.87)	0.7694551*** (13.88)	0.8281714*** (14.78)	0.6172419*** (18.18)
du	-0.5317571*** (-6.07)	-0.215098*** (-2.91)	-0.152804** (-2.05)	0.1682228*** (3.73)
pre_ 1	0.0533063 (0.39)	0.106255 (0.93)	-0.216052* (-1.93)	-0.0701071 (-1.03)
pre_ 2	-0.0402447 (-0.30)	0.0321116 (0.28)	-0.3687606*** (-3.28)	-0.1427782** (-2.10)
current	-0.6333864*** (-5.37)	-0.5775119*** (-5.81)	-0.891712*** (-9.06)	-0.5979455*** (-10.03)
post_ 1	-0.525308*** (-3.26)	-0.4752528*** (-4.78)	-0.7729454*** (-7.86)	-0.5245738*** (-8.81)
post_ 2	-0.3848164*** (-3.26)	-0.377352*** (-3.80)	-0.7308539*** (-7.45)	-0.5356571*** (-9.01)
post_ 3	-0.2041409* (-1.73)	-0.1756958 (-1.77)	-0.5483911*** (-5.61)	-0.3771566*** (-6.36)
post_ 4	-0.1711853 (-1.44)	-0.09815294 (-1.03)	-0.3594641*** (-3.68)	-0.2235661*** (-3.78)
post_ 5	0.1503338 (1.27)	0.1621884 (1.63)	-0.193594** (-1.99)	-0.132782** (-2.25)
post_ 6	0.3532222** (1.72)	0.3639063*** (3.66)	0.1248494 (1.58)	0.0877645 (1.15)
post_ 7	0.5430059*** (4.61)	0.5428938*** (5.46)	0.2734772*** (2.81)	0.1861372*** (3.15)
post_ 8	0.6747714*** (5.72)	0.6177585*** (6.22)	0.4802249*** (4.89)	0.2834389*** (4.77)
post_ 9	0.8624975*** (7.31)	0.8627599*** (8.68)	0.7389592*** (7.46)	0.5612713*** (9.36)
其他控制变量	否	否	是	是
_cons	14.44752*** (240.64)	8.553157*** (169.01)	14.68171*** (95.33)	6.762468*** (72.49)
N	1980	1980	1980	1980
R^2	0.3016	0.3080	0.5278	0.7584

注：括号中为 t 值，*、**、***分别表示在 10%、5%、1%水平上显著。

6.4.4 机制检验

从上文的各类检验结果可以发现，西部地区承接产业转移并未推动西部地区经济增长。因此，为了考察西部地区承接产业转移对各类经济增长驱动因素的作用来识别其背后的原因，下文进一步进行机制检验。表 6－7 显示了西部地区承接产业转移的机制检验结果。

表 6－7 西部承接产业转移影响经济增长的机制检验

解释变量	gov	sein	thin	edu	far	fdi	tp
dt	0.0401 *** (0.0033)	0.0476 (0.0044)	0.0088 (0.0029)	0.0081 (0.0006)	0.2710 (0.0171)	0.0061 *** (0.0010)	0.0213 *** (0.0033)
du	0.0475 *** (0.0086)	－0.040 *** (0.0182)	0.0088 (0.0067)	0.0004 (0.0023)	0.0858 *** (0.0258)	－0.00311 * (0.0019)	0.0333 (0.0269)
DID	0.0003 (0.0047)	0.0089 (0.0061)	0.0122 *** (0.0041)	－0.0019 ** (0.0009)	－0.0146 (0.024)	－0.005 *** (0.0014)	0.0046 (0.0046)
_cons	0.0755 *** (0.0061)	0.4298 *** (0.0095)	0.3392 *** (0.0061)	0.0034 *** (0.0016)	0.1898 *** (0.0184)	0.0097 *** (0.0013)	0.0908 *** (0.0192)
N	1965	1965	1965	1965	1965	1965	1965
R^2	0.1433	0.1391	0.0337	0.1209	0.2108	0.0215	0.0564

注：括号中为标准误，*、**、*** 分别表示在 10%、5%、1% 水平上显著。

表 6－7 中，交互项为本章重点观察对象，其代表了西部地区承接产业转移对各大经济增长驱动要素的净影响。根据前文回归结果，gov、sein、thin、edu、far、fdi、tp 对经济增长都具有积极作用。观察表 6－7 中的各回归结果，西部地区对第三产业结构影响显著为正，但是对于教育水平、fdi 产生了挤出效应。以上机制分析表明，西部地区在承接产业转移的过程中过度依赖资源型产业发展，忽视软环境的建设以及优势产业的构建，从而无法留住“政策红利”带来的外来投资，从而未能有效地促进当地经济发展，甚至在转型时期对各类经济增长的驱动因素产生了显著的挤出效应，从而导致西部地区承接产业转移落入了“政策陷阱”中。

6.5 西部地区产业集聚以及优势产业

基于上文分析得出，西部地区承接产业转移并未很好地推动西部地区经济增长，同时作为一项产业政策，产业转移也未能有效地推动西部地区经济结构改善，缩小东西部区域发展差距。现阶段，中国经济面临转型，从外向型向内需型转变，从粗放式、投资驱动型的产业发展路径向集约型的新型现代工业化路径的转变。在推进西部地区承接产业转移的过程中，特别需要思考经济发展落后的西部如何在欠发展中实现结构调整和发展方式的转变，同时还要考虑西部面临生态环境日渐脆弱和承载力弱的约束。西部地区最初承接产业转移的定位非常明确，即承接东部地区丧失比较优势的劳动密集型和资源指向型产业，促进该区域的工业化。但是，产业转移过程存在“政策陷阱”，西部地区在承接产业转移过程中着重强调产业分工调整，推动形成更加有效的区域产业分工格局，实现优势互补的产业体系，增强西部经济的可持续发展能力。因此，从西部地区产业集聚程度和竞争力角度，研究西部地区承接产业转移以来产业内各行业集聚程度和变化趋势，分析西部地区优势产业，能够为西部地区产业结构调整和产业转移政策优化提出指导意见。

产业集聚度常用评价指数包括赫芬达尔指数 H、区位熵、区域基尼系数、EG 和 CR 指数等。其中，区位熵指数用来评价一个地区产业的专业化水平，符合本章对产业集聚度和产业竞争力的分析。区位熵指一个地区特定产业的产值在全国该产业产值中所占比重与地区经济总量在全国经济总量中所占比重的比值。计算公式为：

$$LQ_{ij} = \frac{L_{ij}/\sum L_{ij}}{P_i/\sum P_i} \tag{6-3}$$

其中，i 表示第 i 个地区，j 表示第 j 个行业，L_{ij}表示第 i 个地区第 j 个行业的产出指标，P_i 表示第 i 个地区的经济总量。如果 i 地区 j 行业的比重相对大于本地区经济总量占全国经济总量的比重，即 $LQ_{ij}>1$，则 i 地区在 j 行业上集聚程度高，具有优势地位；如果区位熵 $LQ_{ij}<1$，表明 i 地区 j 行业的集中度低，处于劣势地位。下面使用西部地区 23 个工业行业产值计算 2000～2010 年西部各省市工业行业区位熵。为了更直观地分析西部各省优势产业的集聚度变化，将 2000～2010 年西部各省份优势产业的区域熵变化以及变化趋势整理至表 6－8。

表 6－8　西部各省优势工业产业区域熵

省份	优势行业（L＞1）	优势减弱	优势增强
内蒙古	煤炭采选业（2.6－4.1）、黑色金属采选业（0.9－2.8）、有色金属采选业（1.5－3.3）、食品制造业（1.2－3.3）、黑色金属冶炼及压延加工业（0.9－2.1）、有色金属冶炼及压延加工业（1.0－1.6）	黑色金属冶炼及压延加工业（2.1－0.9）	煤炭采选业（2.6－4.1）、有色金属采选业（1.7－3.3）、食品制造业（1.2－2.0）
广西	有色金属矿采选业（1.0－5.4）、食品加工业（1.4－2.0）、有色金属冶炼及压延工业（0.9－1.8）、黑色金属矿采选业（0.5－1.5）	有色金属矿采选业（5.4－1.5）	食品加工业（2.0－1.4）、有色金属冶炼及压延工业（1.8－1.0）、黑色金属矿采选业（1.5－0.5）
重庆	烟草加工业（0.9－1.3）、医药制造业（0.8－1.2）、交通运输设备制造业（2.7－3.7）	烟草加工业（1.3－0.9）、交通运输设备制造业（3.7－2.7）	
四川	食品加工业（0.8－1.4）、饮料制造业（2.5－3.5）、医药制造业（1.1－1.4）、黑色金属冶炼及压延加工业（0.8－1.2）	黑色金属冶炼（1.2－0.8）	食品加工业（0.8－1.3）、饮料制造业（2.5－3.5）、医药制造业（1.1－1.3）
贵州	煤炭采选业（1.3－2.7）、饮料制造业（1.4－2.2）、烟草加工业（2.3－6.2）、医药制造业（1.4－1.9）、有色金属冶炼及压延工业（0.7－2.6）	烟草加工业（6.2－3.2）、医药制造业（1.8－1.4）、有色金属冶炼及压延工业（2.6－0.7）	饮料制造业（1.4－2.2）

续表

省份	优势行业（L>1）	优势减弱	优势增强
云南	黑色金属采矿业（0.5－1.7）、有色金属矿选业（1.9－2.8）、烟草加工业（10.1－13.2）、有色金属冶炼及压延加工业（2.0－3.2）	有色金属矿选业（2.8－1.9）、烟草加工业（13.2－10.1）	
西藏	黑色金属矿采选业（0.4－6.9）、有色金属矿采选业（0.5－3.0）、化学纤维制造业（1.6－3.4）	黑色金属矿采选业（6.9－0.4）	有色金属矿采选业（3.0－2.2）
陕西	煤炭采选业（0.9－2.6）、石油和天然气采选业（3.3－5.4）、有色金属矿采选业（1.4－4.0）、石油加工及炼焦业（0.9－1.8）	有色金属矿采选业（3.6－1.5）	石油加工及炼焦业（0.9－1.8）
甘肃	石油和天然气开采业（1.4－3.6）、有色金属矿采选业（1.2－3.6）、烟草加工业（1.0－1.4）、石油加工及炼焦业（2.6－3.1）、黑色金属冶炼及压延工业（0.9－1.2）、有色金属冶炼及压延工业（3.0－6.1）	有色金属矿采选业（3.4－1.2）	有色金属冶炼及压延工业（3.0－6.1）
青海	石油和天然气加工业（4.9－6.5）、有色金属矿采选业（4.6－12.9）、有色金属冶炼及压延工业（2.9－7.3）	有色金属冶炼及压延工业（7.3－3.3）	有色金属矿采选业（4.6－12.9）
宁夏	煤炭采选业（2.9－5.3）、食品制造业（1－1.9）、造纸及纸制品业（1－2）、石油加工及炼焦业（0.5－2.0）、化学原料及化学制品制造业（0.9－2.7）、有色金属冶炼及压延加工业（2.0－5.3）	造纸及纸制品业（2－1）、化学原料及化学制品制造业（2.7－0.9）、有色金属冶炼及压延加工业（5.3－2.0）	
新疆	石油和天然气开采业（28.1－40.2）、黑色金属矿采选业（3.6－7.1）、有色金属矿选业（1.8－5.9）、食品加工业（1.6－3.7）、饮料制造业（1.6－3.2）、纺织业（0.9－4.7）、石油加工及炼焦业（10.3－15.4）、化学纤维制造业（0.5－4.7）、非金属矿物质制造业（1.5－3.2）、黑色金属冶炼及压延业（2.0－3.1）	石油和天然气开采业（40.2－28.1）、黑色金属矿采选业（7.1－3.6）、纺织业（4.7－1.0）	化学纤维制造业（0.5－4.7）

总体上看，西部各省市的产业集聚具有以下特点：一是以资源密集型产业为主，在西部 12 省份中内蒙古、甘肃、新疆等地石油和天然气开采业，有色金属矿采选业，黑色金属矿采业区位熵指数均大于 2，形成了产业集聚优势，然而这些产业都高度依赖资源开发，说明西部地区产业集聚的形成还没摆脱要素禀赋的约束。二是资源能源指向型产业集聚程度逐渐减弱，自 2000 年以来，受到产业转移政策的辐射，西部地区产业不再仅限于资源能源初级加工，通过技术和资本的引进，西部地区在资源优势的基础上发展深度加工制造业，如有色金属压冶炼及压延工业，食品加工业产业集聚优势逐渐显著，而有色金属矿采选业、石油和天然气开采业等行业集聚程度降低。三是部分省市依赖特有的资源实现了优势产业集聚，如云南烟草加工业、重庆交通运输设备制造业、贵州饮料制造业。

通过以上分析可以得出，西部地区产业集聚类型受要素禀赋的影响，产品结构单一，产业关联度低，但是在产业转移政策的作用下，产业集聚正向着健康方向发展，初级资源消耗型产业减少，高附加值的加工制造业竞争力增强，但是总体来说，还未能摆脱资源能源高消耗的产业束缚。因此，地方政府应该根据各地的具体情况，承接以及发展优势产业，既要考虑本地资源禀赋特点和产业发展的前景，又要考虑趋于集聚资源的能力和技术创新潜力，以带动产业集聚的发展，有效地推动产业竞争力的提升。

6.6　结论及政策建议

本章主要是在我国经济进入深度转型性调整期，东部地区向西部地区产业转移步伐不断加快的背景下，客观评价近十多年来西部地区承接产业转移政策效果，以便引导新一轮国内区际产业转移科学有序地推进，释放其对我国经济调整和区域协调发展的重要作用。本章利用西部 11 省 1999 ~ 2010 年的地级市面板数据，采用 PSM - DID 方法对西部地区承接产业转移是否推动西部经济快速增长这一问题进行了检验。实证结果表明，西部地区承接产业转移对西部地区 GDP 和人均 GDP 并没有明显提升作用，进一步的机制识别结果显示，西部地区承接产业转移降低了西部地区人力资本水平，阻碍了产业结构调整，同时并未有效吸引外商投资和民间投资，这些因素共同导致西部地区滑入“政策陷阱”，最终使得西部地区承接产业转移对西部地区经济增长的推动作用难以显现。

根据本章的实证分析，西部地区在承接产业转移的过程中，应当以配套体制改革为抓手，突破政策陷阱，以承接产业转移带动和发展地区优势产业，充分发挥“政策红利”，促进西部地区经济发展和区域协调平衡。

（1）优化产业结构升级，防止“资源诅咒”效应进一步扩大。面对西部地区丰富的自然资源，我们不能过度依赖能源来谋求经济发展，要正确认识到“资源诅咒”效应的危机，意识到以资源消耗换取经济发展是不可持续的。要改变粗放式开发资源的现状，大力发展非资源产业如纺织业、食品加工业等轻工业。另外，还要引导和推进高新技术产业的发展，实现资源产业与高附加值产业的有机结合，追求产业多样化发展，减少对资源产业的依赖性，避免落入资源优势陷阱之中。

（2）完善人才培育体制，促进人力资本积累。人力资本积累对地区的技术创新水平起着至关重要的作用。政府要加大教育投入力度，大力支持教育事业，把提高西部地区的教育水平当作重中之重。人才培养是一个长期的过程，还应建立健全高端人才培育和人才吸引体制，并作为长期的政策执行，为科技人才的交流合作创造机会，推出一系列的优惠政策，培养人才、留住人才、吸引人才，从而逐渐实现人力资本的积累，提供充分的创新要素，有效推动技术创新。

（3）营造良好的投资环境，政府应当推进金融发展，确立与西部地区发展转型升级新阶段相匹配的金融制度和金融机构；优化信贷机制，为企业提供创新资金；并且进一步出台和明确对于科技创新企业进驻西部地区的政策优惠，通过营造良好投资环境来吸引更多的外商投资和民间投资，鼓励西部地区引进先进的资源开发设备、改变资源粗放式开发的局面，加大人力资本投入和科技创新力度，改变现有简单的政策优惠措施，通过政策优惠诱导企业向高效率、高收益发展模式转型，使西部地区承接产业转移政策能够真正推动西部地区快速增长，平衡区域发展差距。

7 产业政策对企业投资行为的影响：推手还是拖累？

自改革开放以来，随着中国经济增长速度的迅速提高，中国的综合国力和人民生活水平得到了空前提升。然而，这种经济增长是以过度消耗社会资源和环境资源为代价的粗放式经济增长，因此不符合走可持续发展道路的目标。面临此种困境，国家“十一五”规划顺应经济转型需要将“转变经济增长方式，促进产业转型升级”作为政府工作的重心。在“十一五”规划的指引下，各级政府纷纷出台地方产业政策，旨在改造提升传统制造业、培育发展战略性新兴产业、推动地区的产业结构转型升级。产业政策已经成为中国转变经济增长方式、推动产业结构转型升级的重要抓手，正确评估产业政策效果对中国促进产业结构转型升级、提高地区经济增长具有重要意义。

本章基于A股上市企业2001～2013年的财务数据，运用双重差分模型实证检验了产业政策的实施对企业投资行为的影响并且依据中介效应模型的检验程序对其内部机理进行了深入检验。研究结果表明，产业政策实施在总体上并未显著提高企业的投资额，以产权性质分组的分析表明产业政策实施能够显著增加民营企业的投资额，但对国有企业的投资额产生抑制作用且这种抑制作用并不显著。进一步分析表明，产业政策实施能够通过影响银行信贷行为对企业投资行为产生影响。具体来说，从总效应来看，产业政策对总样本企业和民营样本企业投资行为产生了正向影响，对国有样本企业产生了负向影响，但是产业政策实施也通过激励银行信贷行为进而对总样本企业和民营样本企业的投资行为产生了负向影响，对国有样本企业的投资行为产生了正向影响，银行信贷发挥的负向作用弱化了产业政策实施对总样本和民营样本企业投资行为的正向影响，银行信贷发挥的正向作用弱化了产业政策实施对国有样本企业的负向影响，具体表现为遮掩效应。地区异质性分析表明，产业政策能显著促进东部地区企业和中部地区企业投资额的提高，但并未显著促进西部地区企业投资额的提高。

7.1 文献综述

7.1.1 研究内容

对现有文献的解读主要是从研究内容和研究方法两个方面来分析：一方面，从研究内容上看，目前有关产业政策实施的经济效果的研究文献主要存在两派观点：部分学者认为在特定的时间段和特定的产业，产业政策的实施可以弥补市场机制的缺陷，促进产业结构转型升级。如韩永辉等（2017）基于产业政策对产业结构优化升级的相关理论和依赖的条件，实证检验了产业政策在产业结构合理化和高度化中的驱动作用，并考察了产业政策力量与市场力量的协同互补效应。研究发现产业政策的实施促进了地方产业结构的合理化与高度化，且产业政策对地方产业结构优化的促进作用高度依赖地方市场化程度。袁航和朱承亮（2017）利用2005~2015年的省际面板数据对政府财政补贴对中国产业结构转型升级进行了实证研究，研究结果显示，政府财政补贴对中国产业结构的合理化与高度化具有明显的促进作用，能显著推动中国的产业结构优化升级，且这种促进作用在不同的地区存在一定程度的差异。Stiglitz 等（1974）的研究认为，产业政策能够通过有效弥补“市场失灵的缺陷”的方式促进经济社会发展。也有学者对产业政策实施的经济效果持否定态度，如周燕和潘遥（2019）认为由于政府对产业结构和产业组织形式的过度干预，使我国产业政策被扭曲和异化，在一定程度上扭曲了市场的竞争准则，出现了政府“越调控越失控”的奇怪现象，进而对我国转变经济增长方式、促进产业结构的转型与优化升级产生了负面影响。Maloney 等（2018）认为，政府失灵使产业政策难以达到预期的效果，因为政府失灵会使企业产生寻租行为，而使政府失灵的主要原因在于政府认知能力的限制、政府追求短期利益、信息不足和激励扭曲。Noland（2007）、Hatta（2017）认为，产业政策实际上是对具有市场效率的产业征税以补贴市场效率不好或日渐衰退的企业，是政治导向的结果。以上研究文献主要是从宏观层面来分析实施产业政策的经济效果，而缺乏企业微观层面的经验证据。

另一方面，主要从产业政策与产业全要素生产率、产业政策与市场资金配置效率、产业政策与企业创新角度阐述了产业政策的经济影响。宋凌云和王贤斌（2013）基于中国企业数据库构建了产业全要素生产率，实证检验了重点产业政策对生产率的影响，研究发现，地方政府的重点产业政策显著提高了地方产业生产率且地方政府的重点产业政策在不同的产业类型上存在显著差异。金宇超等（2018）认为，获得产业政策支持的企业会获得更多的债务融资和政府补助，其中债务融资更多地流向了成长行业中规模较大的企业，政府补助更多地流向了成长行业中规模较小的企业。研究结果还表明市场会根据企业的成长能力、企业的投资机会分配资金，进而对市场的资金分配效率产生显著影响。余明桂等（2016）、陈文俊（2020）、谭劲松等（2017）揭示了产业政策在企业创新、企业研发投资中的重要作用，且这种创新激励作用在民营企业中更为明显。然而关于产业政策与企业投资的相关研究相对较少。黎文靖和李耀淘（2014），张新民、张婷婷和陈德球（2017）等发现，产业政策实施虽然在总体上对企业投资行为的促进作用并不显著，但是显著促进了民营企业的投资行为。步丹璐（2018）、何熙琼等（2016）认为，政府补贴、银行信贷都对企业投资行为发挥了积极作用。以上文献都说明产业政策对企业投资行为产生了积极影响。那么，产业政策是否真的对企业投资行为产生了积极影响？有学者针对此问题提出了相反观点。企业政府补助虽然能够有效缓解市场化程度较高的国有企业的投资不足问题，但会加剧市场化程度较低的民营企业的过度投资，因为政府与企业之间的信息不对称导致企业的资源配置效率下降，使企业的政府补助、长期负债越多，投资水平越高，投资效率越低，过度投资程度越高。与此同时，与未受到产业政策鼓励或支持的产业相比，长期负债与投资效率的正相关关系更强，过度投资也更为严重，进而对企业产生了负面影响（王克敏、刘静和李晓溪，2018）。潘红波和余明桂（2010）应用 Heckman 样本选择模型发现集团化使企业获得更多的银行贷款进而会导致企业的过度投资行为。由此可见，目前学术界关于产业政策对企业投资行为的影响以及内部作用机理还存在着诸多争议，因此需要进一步探索产业政策与企业投资之间的关系，完善产业政策的相关政策理论。此外，由于不同地区的资源禀赋、地理位置与经济发展水平存在差距，因此需要从区域视角分析产业政策实施对不同地区发挥的政策效应。

7.1.2 研究方法

从研究方法上看，现有文献绝大多数采用的是单差分法来评估产业政策的政策实施效果，即通过比较研究对象在政策实施时间前后的差距来评估产业政策的政策效果，极少有文献采用双重差分模型研究产业政策与企业投资之间的关系，这样做导致将“政策效应”与“时间效应”混为一谈，忽视了产业政策与企业投资之间的内生性问题，不能准确识别产业政策对企业投资行为的影响。而双重差分法与传统的单差分法相比具有以下优点：①计量模型简单易用，回归方法纯熟；②双重差分法能够有效避免政策作为解释变量所存在的内生性问题，即有效控制了被解释变量与解释变量之间的相互影响效应；③如果是面板数据，双重差分法不仅可以利用解释变量的外生性，而且可以控制不可观测的个体异质性对被解释变量的影响（陈林和伍海军，2015）。

因此本章的创新点在于：①基于 A 股上市企业 2001 ~ 2013 年的财务数据，运用双重差分模型（DID）对产业政策与企业投资之间的关系进行了实证检验，排除了内生性问题的干扰；②从产权视角，在梳理已有文献的基础上对产业政策的实施对企业投资行为的影响进行了实证检验，分析了企业的异质性；③依据中介效应模型的检验程序，运用逐步回归方法检验了产业政策的实施对企业投资行为的影响的作用机制；④从区域视角，分区域实证检验了产业政策实施对企业投资行为的影响，并深度剖析了其背后存在的原因；⑤本章关于产业政策对企业投资行为的影响及其内部机理的分析，扩展了宏观政策对企业微观行为影响的研究，将国家宏观经济政策与企业微观行为进行了有机联结，丰富了宏观经济政策的相关理论。

本章余下部分的结构安排如下：第二部分是理论研究假设；第三部分是数据选取与模型设定；第四部分是实证分析及结果；第五部分是作用机制分析；第六部分是结论与政策建议。

7.2 理论研究假设

7.2.1 企业产权性质与企业投资行为

产业政策是指政府为了实现经济增长与社会发展目标，运用多种手段对产业结构和产业组织形式进行调整，以此提高供给总量的增长速度，使得供给总量与需求总量相匹配所实施的一种政策（黎文静和李耀淘，2014）。为了准确评估产业政策的实施对企业投资行为的影响，我们必须从产业结构和产业组织形式、总量供给两个方面入手，然而从企业的微观视角分析，我们无法从宏观层面衡量产业的结构与组织形式，而只能从供给总量来衡量产业政策实施的效果，表现为企业的投资增长和企业的投资效率。为了进一步分析产业政策影响企业投资的内在机理，需要找到一个角度以便较好地区分产业政策和传导机制，而企业产权性质正好是这样的一个独特角度。由于政府是否在企业中持有股份、企业目标、政治联系、政府干预程度、政府资源获取和政策性负担等方面存在较大差异，不同产权性质的企业投资行为存在明显差异。具体来讲，对民营企业而言，民营企业通过股权融资与债权融资这两种渠道来获取政府支持的难度较大，因此产业政策支持会显著增加民营企业的投资。而对国有企业而言，一方面，国有企业的产权性质决定了国有企业要承担许多非市场化的负担、战略性负担和社会性负担（林毅夫和刘培林，2001），这些负担在一定程度上挤占了企业的正常运营资金，进而影响了企业的投资行为。另一方面，在经济分权与政治集权的政治体制下，地方政府为了实现当地 GDP 的增长，达到既定的政绩目标，有足够的动机对国有企业的投资行为进行干预（唐雪松等，2010）。除此之外，国有企业管理层权力的集中程度和其内部的委托代理约束机制也会对企业的投资行为产生影响。国有企业中管理层权力的集中使得国有企业高管出于个人晋升激励和隐性薪酬激励的目的扩大企业投资，导致企业的过度投资行为（郭宏、李婉丽和高伟伟，2020；曹春方、马连福和沈小秀，2014）。国有企业中的委托—代理约束机制特别是对董事长等战略决策者行为的约束使得国有企业的长期投资不足，进而影响了企业的投资增长和投资效率（罗知、赵奇伟和严兵，2020；Richardson，2006）。以上分析都说明，与民营企业相比，国有企业有着更多的非效率投资，更容易得到政府支持增加投资从而导致企业的过度投资行为。

基于以上分析，本章提出以下假设：

假设 1：与未受到产业政策鼓励或支持的企业相比，受到产业政策鼓励或支持的企业能够促进企业投资额的提高，但这种促进作用并不显著。

假设 1a：与未受到产业政策鼓励或支持的企业相比，受到产业政策鼓励或支持的民营企业的投资额显著提高。

假设 1b：与未受到产业政策鼓励或支持的企业相比，受到产业政策鼓励或支持的国有企业抑制了企业投资额的提高。

7.2.2 银行信贷、企业产权性质与企业投资

在转型经济时期的中国，大量企业面临着融资约束问题，且不同企业面临的融资约束存在着重大差异，这不仅和外部融资市场的信息不对称有关，而且和国家的发展战略和制度环境有关。产业政策作为政府干预经济，调整产业结构、促进产业转型升级的一种重要手段，产业政策的有效实施需要银行信贷的协调配合。一方面，产业政策通过政府对金融市场的干预，引导银行向企业发放贷款，刺激企业的资本投资行为（江飞涛和李晓萍，2010）。与此同时，产业政策通过政府采取一些行政性直接干预措施引导限贷政策，干预银行的信贷行为以此增加银行对企业的贷款投放，促进企业投资额的增加。另一方面，基于信贷配给理论，在信贷市场信息不完全对称的情况下，银行需要花费较高的

信息搜集成本识别信贷风险，对项目风险较小、信用较高的借款人发放贷款。产业政策释放一种政策信号，向企业揭示了不同产业的发展前景，向银行和企业传递了相关信息，这不仅大幅度缩减了银行的信息搜集成本，也促使银行向受到产业政策鼓励或支持的企业发放贷款，从而对企业的投资行为产生了促进作用。但由于企业的产权性质不同，产业政策通过银行信贷进而影响企业的投资行为存在着明显差异。就民营企业来说，民营企业受到的政府管制较少，与政府的政治关联较弱，因此中国大部分银行贷款都流向了国有企业，民营企业相对于国有企业而言面临着严重的“金融歧视”（Cull 和 Xu，2003，2005；Allen et al.，2007）。如祝继高和陆正飞（2012）认为，外部融资需求大、盈利能力好、市场化程度较高的国有企业比民营企业更容易获得银行贷款。陈耿等（2015）通过研究信贷歧视对民营企业借款期限的结构的影响机理和实际效应发现，基于企业产权性质的信贷歧视使得银行对民营企业执行更为严格的风险控制，民营企业的银行贷款期限明显短于国有企业。这种歧视使民营企业融资比较困难，即存在行业壁垒，因此获得产业鼓励或支持的民营企业更容易获得银行贷款，缓解企业的融资压力，激励企业的投资行为。除此之外，不同所有制的企业不仅在融资方面存在差别，而且在资金使用方面也存在着显著差别，民营企业能够更好地利用银行授信。经过进一步的研究发现，国有企业的信用评级状况对企业过度投资行为的抑制能力较弱，而民营企业的信用评级对企业过度投资行为的抑制能力较强（罗党论、应千伟和常亮，2012）。然而，银行信贷是否真的促进了企业投资额的增加？产业政策的实施使得银行扩大信贷行为，增加了对企业的贷款投放，此时，银行是企业的债权人，企业是银行的债务人，如果企业无法按时偿还银行的债务，银行就会得到企业的控制权。因此，短期金融负债使企业面临更大的偿债压力，从而更能抑制企业的投资扩张行为。

基于上述分析，本章提出以下假设：

假设 2：与未受到产业政策鼓励或支持的企业相比，受到产业政策鼓励或支持的民营企业通过银行信贷渠道显著促进了企业的投资行为，但银行信贷对企业的投资行为的遮掩效应弱化了产业政策实施对企业投资行为的促进作用。

在上述理论分析和研究假说的基础上，本章的变量间关系如图7－1所示。

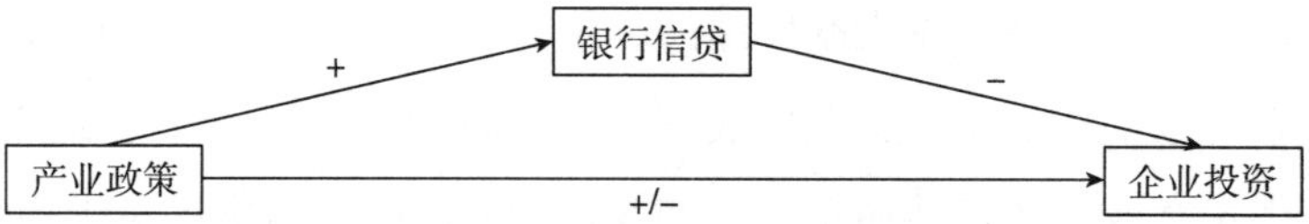

图7－1 产业政策实施、银行信贷与企业投资行为之间的关系

7.3 数据选取与模型设定

7.3.1 样本选择与数据来源

本章根据《中华人民共和国国民经济和社会发展第十个五年计划纲要》（以下简称“十五”计划）和“十一五”规划，选择沪深交易所上市的全部A股上市企业的财务数据为研究样本，以2001～2013年为研究时间区间，剔除金融类、ST类以及PT类上市企业，同时剔除资产为零和股东权益小于零的企业，最终得到的研究样本共有1355家公司，共16530个观测值。样本企业的财务数据和企业产权性质的数据来自CSMAR和WIND数据库，产业政策支持数据来源于对中国“十五”计划和“十一五”规划的整理，本章研究所使用的计量软件为Stata。为了消除极端值的影响，本章针对连续变量的1%和99%进行Winsorize缩尾处理，以下描述统计和实证结果均属于缩尾处理后的结果。

7.3.2 模型设定与变量选取

7.3.2.1 模型设定

据Boler（2006）等的分析方法，本章将产业政策实施看成是一次准自然实验，利用双重差分法来评估产业政策实施对企业投资行为的影响。根据DID模型的基本步骤，构建两个虚拟变量：①处理组和对照组虚拟变量。处理组为受到产业鼓励或支持的企业，取 Treat =1；对照组为未受到产业鼓励或支持的企业，取 Treat =0。②政策时间虚拟变量。由于产业政策的实施时间是在 2006 年，因此在年份 Year≥2006 年时，取 Policy =1；在年份 Year <2006 年时，取 Policy =0。基于以上分析，本章将模型形式设定如下：

$$Invest_{it} = \alpha_0 + \alpha_1 DID_{it} + \alpha_2 Control_{it} + \varphi_i + \mu_t + \varepsilon_{it} \quad (7-1)$$

其中，Invest 是因变量，用来衡量企业的投资行为，DID 是核心解释变量，是政策虚拟变量（Treat）和时间虚拟变量（Policy）的交互项（Treat × Policy），用来衡量产业政策实施对企业投资行为影响的净效应。若$\alpha_1 >0$，则说明产业政策实施能够显著促进企业的投资行为；若$\alpha_1 <0$，则说明产业政策实施能够显著抑制企业的投资行为；若$\alpha_1 =0$，则说明产业政策实施对企业投资行为没有显著性影响。下标 i 和 t 分别表示企业和年份，Control 表示控制变量，即能够影响企业投资行为的其他因素，φ_i和μ_t分别表示个体固定效应和时间固定效应，ε_{it}表示随机扰动的误差项。

为了进一步考察产业政策实施是否通过影响银行信贷行为对企业投资行为产生间接影响，本章采用 Baron 和 Kenny（1986）等推荐的中介检验程序，运用因果逐步回归法对相关关系进行研究。具体检验过程分为三步：第一步，以企业投资额（Invest）作为被解释变量，以产业政策激励变量（DID）作为解释变量。考察产业政策实施对企业投资行为的影响；第二步，以企业银行贷款（Loan）和企业银行贷款现金流（Cfoloan）作为被解释变量，以产业政策激励变量（DID）作为解释变量，考察产业政策实施对企业银行贷款和企业银行贷款现金流的影响；第三步，以企业投资额（Invest）作为被解释变量，以产业政策激励变量（DID）、企业银行贷款（Loan）和企业银行贷款现金流（Cfoloan）作为解释变量，考察产业政策实施是否通过影响银行信贷行为对企业投资行为产生影响。根据上述研究思路，本章在式（7 -1）的基础上，构建如下中介效应模型（James 和 Brett，1984）：

$$Invest_{it} = \alpha_0 + \alpha_1 DID_{it} + \alpha_2 Control_{it} + \varphi_i + \mu_t + \varepsilon_{it} \quad (7-2)$$

$$M_{it} = \beta_0 + \beta_1 DID_{it} + \beta_2 Control_{it} + \varphi_i + \mu_t + \varepsilon_{it} \quad (7-3)$$

$$Invest_{it} = \gamma_0 + \gamma_1 DID_{it} + \gamma_2 M_{it} + \gamma_3 Control_{it} + \varphi_i + \mu_t + \varepsilon_{it} \quad (7-4)$$

在式（7－2）中，M 是一个中介变量，衡量的是产业政策中的银行信贷支持，用资产负债表的银行贷款（Loan）和现金流量表的银行贷款（Cfoloan）来表示。根据温忠麟和叶宝娟（2014）的中介效应分析和模型扩展构建本章的分析流程，如图 7－2 所示。

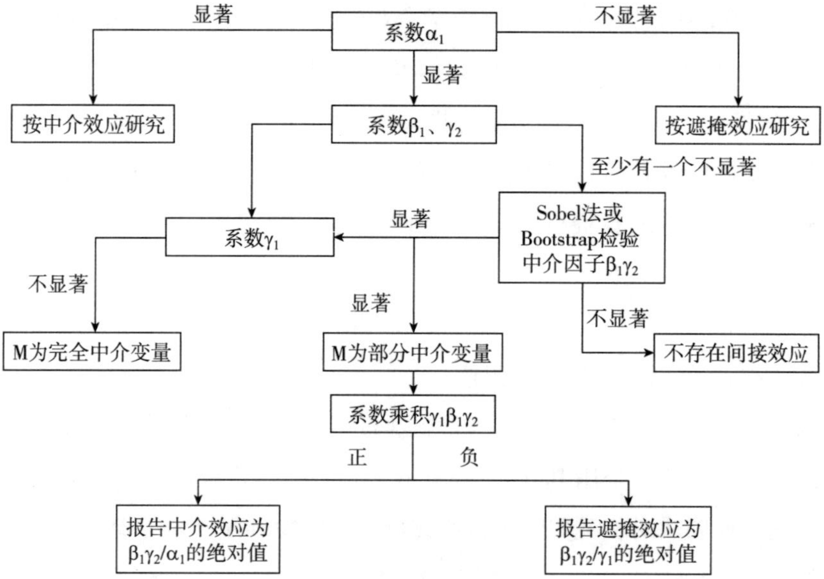

图 7－2　中介效应检验流程

从图 7－2 可以看出，当产业政策通过对银行信贷行为产生影响进而对企业投资行为产生影响时，系数β_1和γ_2都应当是显著的，如果至少有一个系数不显著，则应该使用 Sobel 法或 Bootstrap 检验中介因子$\beta_1\gamma_2$；若中介因子$\beta_1\gamma_2$是显著的，则说明存在中介效应；若中介因子是不显著的，则说明中介效应不存在。在保证中介因子$\beta_1\gamma_2$显著的情况下，若中介因子$\beta_1\gamma_2$与总效应α_1的符号一致，则说明银行信贷这一中介变量强化了产业政策实施对企业投资行为的影响，表现为中介效应，且中介效应的大小为中介因子$\beta_1\gamma_2$与产业政策实施的总效应α_1比值的绝对值；若$\beta_1\gamma_2$与总效应α_1的符号相反，则说明银行信贷这一中介变量弱化了产业政策实施对企业投资行为的影响，表现为遮掩效应，且遮掩效应的大小报告为中介因子$\beta_1\gamma_2$与产业政策实施的总效应α_1比值的绝对值。

7.3.2.2　变量选取

（1）被解释变量。企业投资额：借鉴文献中的普遍做法，参照王克敏、刘静和李晓溪（2017），张新民、张婷婷和陈德球（2017）等的做法，本章对衡量企业投资行为的企业投资额做出如下界定：投资额（Invest）=（购建固定资产、无形资产和其他长期资产支付的现金－处置固定资产、无形资产和其他长期资产收回的现金净额）/年初总资产。

（2）核心解释变量。产业政策激励：本章试图研究宏观产业政策激励对微观企业投资行为的影响，产业政策变量的选取存在着一定的难度，因此难以准确测量产业政策实施对企业投资行为的影响。为此，参照宋凌云和王贤彬（2013）的做法，在统计"九五"计划、"十五"计划、"十一五"规划30个二位数产业在不同规划期被选为重点产业次数的基础上，按照次数排名，将"十五"计划和"十一五"规划排名前五位的产业作为重点产业，以此研究产业政策实施对企业投资行为的影响。如表7－1所示。

表7－1　各二位数产业被选为重点产业的次数

产品代码	产业名称	"九五"计划中被设为重点产业的次数	"十五"计划中被设为重点产业的次数	"十一五"规划中被设为重点产业的次数
13	农副食品加工业	2	4	10
14	食品制造业	27	23	19
15	饮料制造业	7	6	3
16	烟草制品业	2	1	3
17	纺织业	26	21	14
18	纺织服装、鞋、帽制造业	5	6	7
19	皮革、毛皮、羽毛制造业	11	0	3
20	木材加工及木、竹、藤、棕、草制品业	6	1	1
21	家具制造业	1	1	0
22	造纸及纸制品业	17	5	13

续表

产品代码	产业名称	“九五”计划中被设为重点产业的次数	“十五”计划中被设为重点产业的次数	“十一五”规划中被设为重点产业的次数
23	印刷业和记录媒介的复制	3	0	1
24	文教体育用品制造业	1	0	0
25	石油加工、炼焦及核燃料加工业	10	14	13
26	化学原料及化学制品制造业	24	14	20
27	医药制造业	24	28	26
28	化学纤维制造业	2	4	2
29	橡胶制品业	1	1	1
30	塑料制品业	9	0	2
31	非金属矿物制品业	25	24	16
32	黑色金属冶炼及压延加工业	26	19	16
33	有色金属冶炼及压延加工业	27	19	20
34	金属制品业	2	3	4
35	通用设备制造业	0	13	11
36	专用设备制造业	2	15	20
37	交通运输设备制造业	15	12	17
39	电气机械及器材制造业	24	24	15
40	通信设备、计算机及其他电子设备制造业	26	25	23
41	仪器仪表及文化、办公用机械制造业	2	0	1
42	工艺品及其他制造业	0	1	3
43	废弃资源和使用废弃材料回收加工业	0	2	0

从表 7－1 可以看出，“十五”计划期间，排名前五位的产业依次为医药制造业，通信设备、计算机及其他电子设备制造业，电气机械及器材制造业，非金属矿物制品业和食品制造业。“十一五”规划期间，排名前五位的产业依次为医药制造业，通信设备、计算机和其他电子设备制造业，专用设备制造业，有色金属冶炼及压延加工业和化学原料和化学制品制造业。因此，本章将医药制造业，通信设备、计算机及其他电子设备制造业，电气机械及器材制造业，非金属矿物制品业，食品制造业，专用设备制造业，有色金属冶炼及压延加工业和化学原料及化学制品制造业这 8 个产业作为受到产业政策鼓励或支持的重点产业。

（3）中介变量。为了研究产业政策实施对企业投资行为的影响是否为一条以银行信贷为中介变量的中介效应途径，参照黎文靖等（2014）、何熙琼等（2016）的做法，用资产负债表的银行贷款（Loan）和银行贷款现金流量（Cfoloan）来衡量产业政策中的信贷支持。其中资产负债表的银行贷款（Loan）用短期借款、长期借款、一年内到期的非流动负债之和与年初总资产的比值来表示；银行贷款现金流量（Cfoloan）用取得借款收到的现金和偿还债务支付的现金的差额与年初总资产的比值来表示。

（4）控制变量。根据已有文献的普遍做法，在分析影响企业投资的因素时，还需要控制企业资本结构、企业规模、企业现金流量、企业盈利能力、企业成长能力、企业资产结构、企业权益净资率、企业管理费用率和企业投资机会等变量。其中，企业资本结构（Lev）用年末总负债与年末总资产的比值来表示；企业规模（Size）用年末总资产的自然对数来表示；企业现金流量（Cfo）用当期经营活动产生的现金流量净额与年初总资产的比值来表示；企业盈利能力（Profit）用营业利润与营业收入的比值来表示；企业成长能力（Growth）用营业收入增长率来表示，即当期营业收入和上期营业收入的差额与上期营业收入的比值；企业资产结构（Assetstruc）用固定资产净额与年初总资产的比值来表示；企业权益净资率（Roe）用营业净利润与营业总收入的比值来表示；企业管理费用率（Adm）用管理费用与营业总收入的比值来表示；企业投资机会（Tq）用托宾 q 值来表示，即托宾 q 值 =（年末流通股数每股股价 + 年末非流通股数每股净资产 + 年末负债总额）/年末总资产。

7.3.3 变量的描述性统计

本章变量的描述性统计如表 7－2 所示。

表 7－2 变量的描述性统计

变量名称	变量含义	均值	标准差	最小值	最大值
Invest	（购建固定资产、无形资产和其他长期资产支付的现金－处置固定资产、无形资产和其他长期资产收回的现金净额）/年初总资产	0.0919	1.6315	－69.7062	143.0930

续表

变量名称	变量含义	均值	标准差	最小值	最大值
Loan	（短期借款 + 长期借款 + 一年内到期的非流动负债）/年初总资产	0.5297	12.5773	0.0000	1430.5400
Cfoloan	（取得借款收到的现金 - 偿还债务支付的现金）/年初总资产	0.0945	8.7608	-435.7560	975.3390
Lev	年末总负债/年末总资产	0.6590	8.1037	-0.1947	1013.2000
Size	年末总资产的自然对数值	9.3369	0.6140	4.7087	12.5264
Cfo	当期经营活动产生的现金流量净额/年初总资产	-0.0850	7.8183	-807.9890	516.8550
Profit	营业利润/营业收入	-17.9316	2188.7666	-2.85e+05	551.1840
Growth	（当期营业收入 - 上期营业收入）/上期营业收入	10.0084	1048.5357	-3.1578	1.35e+05
Assetstruc	固定资产净额/年初总资产	0.4309	8.1160	0.0000	1029.1899
Roe	营业净利润/营业总收入	0.0993	6.4171	-166.0830	713.2040
Adm	管理费用/营业总收入	13.3741	1687.7961	-170.2490	2.20e+05
Tq	（年末流通股数 × 每股股价 + 年末非流通股股数 × 每股净资产 + 年末负债总额）/年末总资产	8.0659	501.3324	0.0123	5.11e+04

从表 7-2 可以看出，企业投资额（Invest）的均值是 0.0919，标准差为 1.6315，说明上市企业之间的投资额存在较大差异。与此同时，无论是资产负债表的银行贷款（Loan）还是银行贷款现金流量（Cfoloan）都显示出较大差异，这说明产业政策实施对银行信贷行为产生了显著影响，这些变量的描述性统计结果初步验证了产业政策实施是一条以银行信贷为中介变量的中介效应途径，为本章的后续研究奠定了基础。

7.4 实证分析及结果

7.4.1 基准回归

由于企业产权性质的不同，产业政策的实施对企业投资行为的影响也不同，因此本章把研究样本分为总样本、国有企业样本和民营企业样本来研究产业政策实施对企业投资行为的影响。为了检验假设1、假设1a、假设1b，对式（7－1）进行回归，实证结果如表7－3所示。从表7－3可以看出，实证结果分为不加入控制变量回归后的实证结果和加入控制变量回归后的实证结果，其中第（1）列和第（2）列为总样本的实证回归结果，第（3）列和第（4）列为国有企业样本的实证回归结果，第（5）列和第（6）列为民营企业样本的实证回归结果。从第（1）列和第（2）列实证回归结果看，产业政策实施能促进企业投资行为，但总体效应并不显著；从第（3）列和第（4）列实证回归结果看，产业政策实施对国有企业的投资行为不能产生显著性影响；从第（5）列和第（6）列实证回归结果看，产业政策实施能在5%的显著性水平下显著促进民营企业的投资行为。因此假设1、假设1a、假设1b得以验证。

表7－3　基准回归结果

变量	企业投资额 Invest					
	总样本		国有企业样本		民营企业样本	
	(1)	(2)	(3)	(4)	(5)	(6)
DID	0.0097** (1.79)	0.0057 (1.27)	－0.0047 (－0.68)	－0.0022 (－0.39)	0.0028*** (3.24)	0.0166*** (2.35)
控制变量	N	Y	N	Y	N	Y
常数项	0.0855	0.0591	0.0804	－0.0767	0.0938	0.0982
个体效应	Y	Y	Y	Y	Y	Y
时间效应	Y	Y	Y	Y	Y	Y
N	16530	16440	9746	9702	6784	6738
R^2	0.0008	0.9509	0.0015	0.8689	0.0018	0.9720

注：*、**、***分别表示在10%、5%、1%水平上显著，括号内表示的是t统计量，如无特别说明，以下各表均同。

7.4.2　地区异质性分析

由于不同地区在资源禀赋、地理位置和经济发展水平方面存在着差异，因此产业政策对不同的地区发挥不同的政策效应，实证结果如表 7－4 所示。表 7－4 中的第（2）列、第（4）列和第（6）列分别表示产业政策对西部地区企业投资、产业政策对中部地区企业投资、产业政策对东部地区企业投资的影响。第（2）列结果显示产业政策并没有显著促进西部企业的投资行为，其可能的原因在于以下两个方面：一方面，西部地区的资源优势无法转变成经济优势，影响了企业投资的积极性。另一方面，西部地区投资环境的不佳造成企业投资效益的低下，弱化了西部地区企业投资的积极性。第（4）列和第（6）列结果显示产业政策实施显著促进了中部地区和东部地区企业投资额的提高，其原因在于中部地区和东部地区经济发展水平较高，投资环境较好。

表 7－4　区域异质性分析结果

变量	企业投资额 Invest					
	西部地区		中部地区		东部地区	
	(1)	(2)	(3)	(4)	(5)	(6)
DID	−0.0195 (−1.5)	−0.0208** (−1.83)	0.0174 (1.29)	0.0253** (1.77)	0.0404*** (3.72)	0.0242*** (2.61)
控制变量	N	Y	N	Y	N	Y
常数项	0.0796	−0.4743	0.1221	0.0512	0.0907	0.2101
个体效应	Y	Y	Y	Y	Y	Y
时间效应	Y	Y	Y	Y	Y	Y
N	972	953	1217	1212	4594	4572
R^2	0.0123	0.3486	0.0378	0.1386	0.0026	0.9814

7.4.3　平行趋势检验

Betrand（2004）认为双重差分估计有效性的前提之一是处理组和对照组在政策实施时间之前满足平行趋势，即处理组在政策实施前投资行为的变化趋势必须与对照组一致。进行平行趋势检验的目的就是排除其他遗漏变量对政策实施效果的影响，其实证结果如图 7－3 所示。从图 7－3 可以看出，在产业政策未实施前，处理组与对照组具有平行趋势，在产业政策实施后，处理组企业投资行为的变化趋势并不明显，这说明产业政策实施并未显著促进企业的投资行为，与基准回归结果一致。

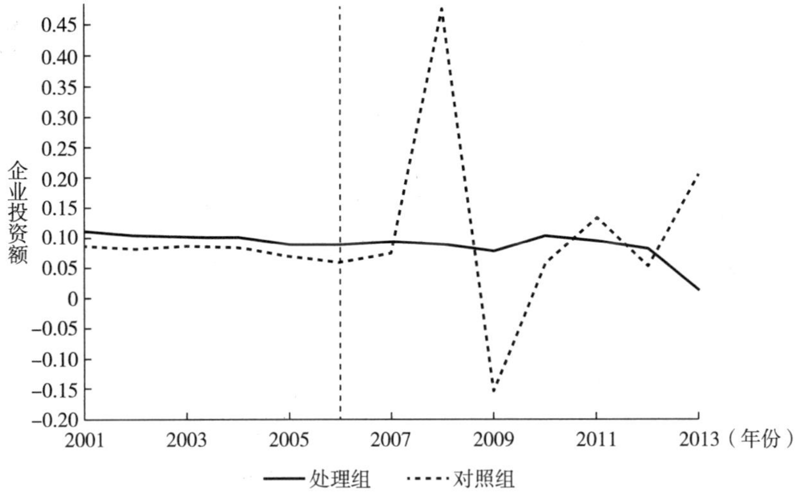

图 7－3　Invest 的平行趋势事前检验

7.4.4　安慰剂检验

为了排除随机因素对本章的实证结果造成估计偏误，我们通过在总样本中随机选择432组作为处理组进行间接检验，同时使用表7－3的第（2）列作为基准回归结果。此外，为了提高安慰剂检验的可靠性，将这个计算机模拟过程重复了1000次，其安慰剂检验结果如图7－4所示。从图7－4可以看出，运用计算机模拟产生的随机分配估计系数大部分集中在零附近，估计的标准差为0.0011，基准估计结果（0.57%）位于整个分布之外，即基准估计结果落在拒绝域，这说明产业政策实施对企业投资行为的影响不受随机因素的干扰，也就是说，随机受到产业政策鼓励或支持的企业不会对企业的投资行为产生影响，只有2006年受到产业政策鼓励或支持的企业才会对企业的投资行为产生影响。

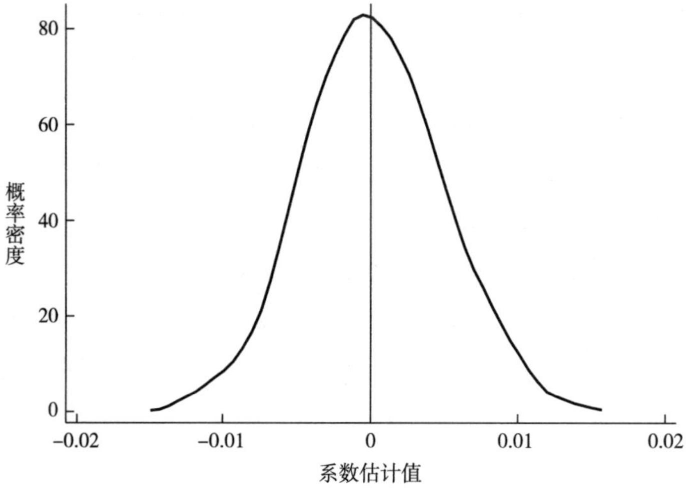

图 7-4　安慰剂检验

7.4.5　稳健性检验

（1）倾向得分匹配的双重差分法（PSM-DID）：为了进一步验证实证结果的稳健性，本章采用 PSM-DID 方法来评估产业政策实施对企业投资行为的影响。倾向得分匹配法（PSM）主要是为了解决样本数据缺乏随机性，进而导致估计结果存在偏差的问题。本章通过采取近邻匹配的方式来评估产业政策实施对企业投资行为的影响（Vandenberghe 和 Robin，2004），主要做法是通过给处理组匹配对照组，使得处理组和对照组在政策实施前不存在明显差异，以解决产业政策实施产生的内生性问题。在此基础上，利用 DID 模型评估产业政策实施对企业投资行为影响的净效应。回归结果如表 7-5 第（1）列、第（3）列、第（5）列所示，第（1）列、第（3）列、第（5）列实证结果显示采用近邻匹配的稳健性检验与表 7-3 第（2）列、第（4）列、第（6）列的基准回归结果一致，说明产业政策实施对企业投资行为的影响是稳健的。

（2）将所有控制变量滞后一期：考虑到所选变量与产业政策实施对企业投资行为的影响可能会相互影响从而导致内生性问题，因此我们将所有控制变量都滞后一期，重新进行回归，回归结果如表 7-5 第（2）列、第（4）列、第（6）列所示。第（2）列、第（4）列、第（6）列结果显示采用控制变量滞后一期的稳健性检验与表7－3第（2）列、第（4）列、第（6）列的基准回归结果一致，再次验证了实证结果的稳健性。

表7－5　稳健性检验结果

变量	企业投资额 Invest					
	总样本		国有企业样本		民营企业样本	
	近邻匹配	控制变量滞后一期	近邻匹配	控制变量滞后一期	近邻匹配	控制变量滞后一期
	(1)	(2)	(3)	(4)	(5)	(6)
DID	0.0059 (1.29)	0.0082 (1.53)	－0.0039 (－0.67)	－0.0037 (－0.53)	0.0163*** (2.26)	0.0212*** (2.86)
控制变量	Y		Y		Y	
滞后一期控制变量		Y		Y		Y
常数项	－0.0708	0.1430	－0.0651	0.0234	0.1483	0.4034
个体效应	Y	Y	Y	Y	Y	Y
时间效应	Y	Y	Y	Y	Y	Y
N	16426	15138	9687	8950	6731	6188
R^2	0.2808	0.0089	0.8603	0.0381	0.9714	0.0209

7.5　作用机制分析

为了检验假设2，下文依据中介效应的研究思路对产业政策实施对企业投资行为影响的作用机制进行了实证检验，实证检验结果如表7－6和表7－7所示。

7.5.1　产业政策实施有效性分析

从表7－6可以看出，无论是总样本、国有企业样本还是民营企业样本来看，产业政策实施都激励了银行的信贷行为，且在 1%、5%、10% 显著性水平下显著，这说明受到产业政策鼓励或支持的企业银行贷款和银行贷款现金流比较敏感，即公司投资更多地依赖于银行信贷，且不受到企业类型的影响。这种实证结果证实了产业政策实施确实是释放了一种政策信号，使银行加大了对受到鼓励或支持企业的贷款力度。

表 7－6　产业政策实施有效性分析

变量	总样本		国有企业样本		民营企业样本	
	Loan	Cfoloan	Loan	Cfoloan	Loan	Cfoloan
DID	0.0687*** (3.05)	0.0524*** (4.41)	0.0273*** (2.04)	0.0176 (1.53)	0.0817** (1.93)	0.0564*** (2.67)
控制变量	Y	Y	Y	Y	Y	Y
常数项	－3.1248	－2.0188	－0.9687	－0.2652	－4.5671	－2.4220
个体效应	Y	Y	Y	Y	Y	Y
时间效应	Y	Y	Y	Y	Y	Y
N	15270	15267	9057	9066	6213	6201
R^2	0.9858	0.9910	0.9066	0.7096	0.9916	0.9949

7.5.2　中介效应

表 7－7 是中介效应模型的检验结果。式（7－2）、式（7－3）中的α_1代表的是产业政策实施对企业投资行为影响的总效应，γ_1是直接效应，β_1是间接效应，中介变量M_{it}的中介因子为$\beta_1\gamma_2$。从表 7－7 可以看出，无论是总样本、国有企业样本还是民营企业样本，产业政策实施对企业投资行为的影响都与基准回归结果一致。其中，从总样本看，产业政策实施能促进企业投资额的提高，但这种促进作用并不显著；从国有企业样本看，产业政策实施并不能提高企业的投资额；从民营企业样本看，产业政策实施能够显著提高民营企业的投资额，促进民营企业的投资行为。根据中介效应的检验流程，本章发现总样本和民营企业样本的系数β_1显著为正而系数γ_2不显著，因此运用 Sobel 或 Bootstrap 法对中介因子$\beta_1\gamma_2$进行检验，检验发现中介因子$\beta_1\gamma_2$在 1% 的显著性水平

下显著，中介因子$\beta_1\gamma_2$与总效应α_1的符号相反，且总效应α_1的系数略有减小，说明产业政策实施确实是通过激励银行信贷行为促进了企业的投资行为且企业银行贷款（Loan）和企业银行贷款现金流（Cfoloan）是部分中介变量，但企业银行贷款和企业银行贷款现金流遮掩了部分产业政策实施对企业的投资行为，遮掩效应分别为0.2264和0.2116、0.0351和0.282，与此同时，国有企业样本的系数β_1与系数γ_2均显著为正，但中介因子$\beta_1\gamma_2$与总效应α_1的符号相反，说明银行信贷减弱了产业政策实施对国有企业投资行为的抑制作用，表现为遮掩效应，其遮掩效应为0.3246和0.5430。上述实证结果都说明产业通过影响银行信贷行为进而影响企业投资行为的这条中介效应途径都产生了不同程度的遮掩效应，这种遮掩效应在一定程度上削弱了产业政策实施对企业投资行为影响的总效应。

表7-7　中介效应检验结果

变量	企业投资额 Invest					
	总样本		国有企业样本		民营企业样本	
	银行贷款	银行贷款现金流	银行贷款	银行贷款现金流	银行贷款	银行贷款现金流
DID	0.0061 (1.29)	0.0079 (1.64)	-0.0036 (-0.61)	-0.0070 (-1.27)	0.0163*** (2.29)	0.0201*** (2.74)
Loan	-0.0201 (-1.63)		0.0428** (2.64)		-0.0070 (-0.41)	
Cfoloan		-0.0319 (-1.60)		0.2160*** (4.56)		-0.1005 (-0.32)
控制变量	Y	Y	Y	Y	Y	Y
常数项	0.0106	-0.0234	-0.0697	-0.0141	0.0621	0.0499
个体效应	Y	Y	Y	Y	Y	Y
时间效应	Y	Y	Y	Y	Y	Y
N	15166	15233	9012	9052	6154	6181
R^2	0.9565	0.9540	0.8778	0.8873	0.9735	0.9737

7.6 结论与政策建议

本章基于 A 股上市企业 2001 ~ 2013 年的财务数据，运用双重差分模型实证检验了产业政策的实施对企业投资行为的影响。在此基础上，通过分析产业政策实施、银行信贷与企业投资行为之间的关系，同时构建了中介效应模型，并运用因果逐步回归法对产业政策实施作用于企业投资行为的影响以及作用于银行信贷的间接效应进行了检验，得到了如下结论：①从总体效应来看，产业政策实施促进了总样本企业和民营样本企业投资额的提高，且在民营企业中这种促进作用更加显著；抑制了国有样本企业投资额的提高，且这种抑制作用并不显著。②对作用机制进行分析发现，从总样本企业和民营样本企业来看，产业政策实施确实能通过激励银行信贷行为而对企业的投资行为产生正向影响，而银行信贷对企业投资行为产生的遮掩效应弱化了这种正向影响，从国有样本企业来看，产业政策实施通过激励银行信贷行为对企业产生了负向影响，而银行信贷对企业投资行为产生的遮掩效应弱化了这种负向影响。③地区异质性分析表明，产业政策能显著促进东部地区企业和中部地区企业投资额的提高，但并未显著促进西部地区企业投资额的提高。

根据上述结论，本章得到以下几点政策启示：

（1）要继续深化改革，破除民营企业与国有企业之间在政策、金融方面的歧视，促进产业政策实施效率的提高。本章发现产业政策实施对民营企业的投资额具有显著的促进作用，但对国有企业却产生了抑制作用。究其原因，民营企业与国有企业相比，政治关联较弱，在各个方面受到的歧视较多，其中就包括政策性歧视和金融歧视，这些歧视使民营企业无法抓住发展机遇，进一步发展企业。因此，产业政策支持为民营企业带来了前所未有的发展机遇，哪怕在短期内效率下降，民营企业也会增加投资额，发展企业。与民营企业相比，国有企业的政治关联较强，受到的政策性歧视和金融歧视较少，国有企业的投资决策更多的是取决于政策性目标，因此产业政策支持并不能显著促进国有企业投资额的提高。努力破除金融歧视主要有两个方面：一方面，要逐步放松行政管制，消除政策性歧视。具体来说，就是要简政放权，转变政府职能，以市场为主导，政府为辅助，发挥市场的最大效用。另一方面，要进一步深化金融改革，消除金融歧视。具体来说，就是逐步改善中小企业的生存环境、突破金融行业对民营企业资本进入的限制、消除行业壁垒、促进正式金融与非正式金融的资本结合等。

（2）要逐步推进银行贷款，促进长期金融贷款的投放，减少短期贷款投放。本章研究发现产业政策实施通过激励银行信贷行为而对民营企业投资额的提高产生了促进作用，但银行信贷对企业投资额的遮掩效应弱化了这种作用，其原因在于短期金融负债对企业投资行为存在着刚性约束效应。一方面，短期金融负债所带来的偿债压力使企业必须留存一部分收益来偿还银行贷款，从而抑制了企业的投资行为。另一方面，短期负债融资使企业增加了债务危机和破产清算的风险，管理层为了保护自己的声誉会减少企业的过度投资行为，进而抑制了企业投资额的增加。企业使用银行贷款的目的主要是缓解融资约束问题，因此短期银行借款并不能有效解决企业的融资约束问题，长期银行借款才是企业扩大投资的资金来源。促进长期金融贷款投放能够有效缓解企业的融资压力，促进企业投资额的提高。

（3）要大力促成以西部地区民营中小企业为主的产业集群，优化西部地区的产业空间布局，提升产业的整体竞争力，改善企业投资环境。产业集群指的是专门的工业集中在特定地方的空间集聚现象，它会产生外部效应、网络效应和竞争效应进而产生经济效应。这种集群的产业网络通过精细化的分工和紧密的协同合力网络，织起一张密实的网，提高产业竞争力，进而提高民营中小企业的整体抗风险能力，改善企业的投资环境，提高西部地区企业的投资额。西部地区无法将自身资源优势转变为经济优势的根本原因在于受到技术条件的制约。自然条件的制约使得制成品成本居高不下，产品的竞争力逐步减弱，进而无法实现产业的高级化进程，从而不能运用先进的生产技术将资源优势转变成经济优势。因此，西部地区企业应该充分利用后发优势，从发达国家或地区引进先进的生产技术，实现集约式生产，促进产业的高级化进程，进而将西部地区的资源优势转变为经济优势，促进西部地区企业投资额的提高。

下篇

贸易政策与结构变化对区域经济协调发展的影响

8　西部地区对外贸易结构优化对产业结构升级的影响

自1978年改革开放起，中国经历了长达四十多年的开放经济，国内经济实现快速增长的同时对外贸易量也不断扩大。在这个进程中，沿海地区对外开放程度以及经济发展水平远高于内陆地区，尤其是西部地区的发展严重滞后。直到2000年西部大开发战略实施以后，西部地区的产业发展和对外贸易状况才有了明显的改善，经济开始加速发展。2010年发布的《国务院关于中西部地区承接产业转移的指导意见》将重点从经济量的发展转向质的发展，强调优化产业结构，转变经济发展质量。虽然在承接产业转移前期，西部地区凭借资源和要素禀赋优势，承接东部沿海地区的劳动密集型产业，但与东部地区一样，西部地区产业结构优化问题仍然亟待解决。一个地区经济增长的过程也是产业结构升级的过程，经济增长的本质是产业结构的升级和优化。产业结构的演变和升级受到需求结构、技术进步等多方面的影响。在开放经济条件下，影响产业结构变动的最主要外力因素在于对外贸易，对外贸易结构是该地区产业竞争力和优势分工的外在反映，对外贸易结构与产业结构能否协调对于经济发展具有重大影响。

8.1　西部地区对外贸易现状

西部大开发战略深入实施以来，我国西部地区对外贸易迅速发展，促进了西部地区的经济发展。但是，西部地区对外贸易存在不少的问题，这在一定程度上制约了西部地区经济进一步的发展。首先，从西部地区的对外贸易占比来说，与全国、中部和东部地区相比，西部地区的对外贸易开发程度低。其次，西部地区的外贸依存度低，说明对外贸易对西部经济增长的贡献率低，促进作用微弱。这主要是西部地区对外贸易方式结构缺陷所导致的，西部地区一般贸易进出口规模较大，此类劳动密集型行业的附加值低，初级产品和加工制成品对外贸易比例的不均衡很大程度制约了对外贸易对西部经济的促进作用。

8.1.1 西部地区对外贸易量

从表 8 - 1 可以看出，自 2000 年西部大开发战略实施以来，西部地区的对外贸易总量总体呈现上升趋势，近 20 年来增长了约 20 倍。尤其 2010 年国家颁布了《中西部地区承接产业转移》，采取一系列的措施促进中西部地区承接产业转移以来，中国西部地区的对外贸易规模有很大提高，在对外贸易方面始终维持顺差地位，且贸易顺差程度逐渐加强。从图 8 - 1 可以看出，自 2001 年以来，西部地区在全国对外贸易中所占份额总体上升，从 2001 年的 3.38% 上升到 2018 年的 8%，但是西部地区在全国对外贸易中的份额远远低于我国其他地区，在全国外贸中的地位较低。根据 2010 ~ 2018 年中国对外贸易数据显示，进出口总体呈上升趋势，且进口增加程度大于出口。图中的两个向下拐点不容忽视，从西部地区进出口外贸额折线图中可以看出，2008 年受全球金融危机影响我国进出口贸易额有较大程度的减少，一方面在于进口国需求疲软和各国出台的贸易保护措施增加导致我国出口额大幅下降；另一方面中国经济低迷的情况下进口额也相对减少。说明西部地区对外贸易同时受到内部环境和外部环境的影响。另外，图 8 - 1、图 8 - 2 显示，2014 ~ 2016 年西部地区对外贸易额和在全国对外贸易的占比都呈现大幅下降，其一方面原因在于“低成本”优势的丧失导致在对外贸易中的优势减弱；另一方面在于中国扩大内需的落实，2008 年金融危机对外需的巨大冲击使我国认识到内需的重要性，因此这一阶段我国大力将对外贸易从过度依赖外需中解脱出来，刺激内需，以消费和投资的更高增长来对冲净出口的下降，这一政策在西部地区尤为明显。

表 8－1　1999～2018 年西部地区外贸额与全国外贸额　　单位：亿元

年份	西部地区进口贸易额	西部地区出口贸易额	西部地区外贸额	全国对外贸易额	西部地区外贸额占比（%）
1999	495	639	1134	29896	3.79
2000	599	822	1421	39273	3.62
2001	645	749	1394	42184	3.30
2002	730	975	1706	51378	3.32
2003	967	1344	2312	70484	3.28
2004	1334	1704	3038	95539	3.18
2005	1587	2110	3697	116922	3.16
2006	1877	2720	4597	140974	3.26
2007	2399	3577	5976	166864	3.58
2008	2874	4538	7412	179922	4.12
2009	2707	3555	6262	150648	4.16
2010	3816	4875	8691	201722	4.31
2011	4907	6971	11878	236402	5.02
2012	5534	9389	14923	244160	6.11
2013	6170	11019	17189	258169	6.66
2014	7174	13356	20529	264242	7.77
2015	6177	11941	18118	245503	7.38
2016	6971	10094	17065	243386	7.01
2017	8873	12052	20925	278101	7.52
2018	10382	14032	24414	305008	8.00

8.1.2　西部地区出口贸易依存度

对外贸易依存度是反映一个地区的对外贸易活动对该地区经济发展的影响和依赖程度的经济分析指标。进出口依存度是对外贸易依存度的衡量指标，一国或者地区的进（出）口依存度可以由进（出）口贸易额在当年国内生产总值中所占比重来表示。

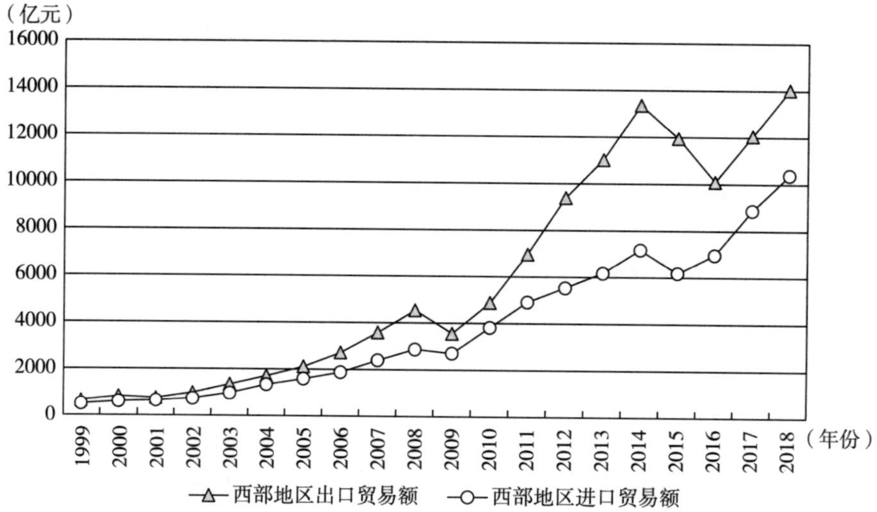

图 8-1　1999~2018 年西部地区进出口贸易额变化趋势

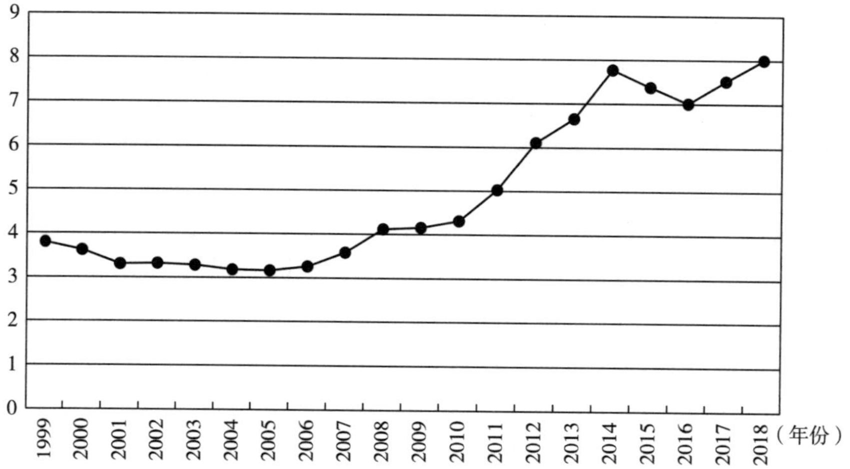

图 8-2　西部地区对外贸易额占全国比重

从表 8-2 来看，西部各省份的出口依存度都比较小，说明出口贸易对西部地区 GDP 贡献率较低，其中内蒙古、贵州、甘肃、青海的出口依存度基本处于 5% 以下，低于西部地区其他省份。而新疆和重庆出口贸易依存度较大，外贸对当地经济发展的作用不容小觑。另外，重庆近20年来出口贸易依存度快速增长，说明出口贸易对当地GDP的贡献率和拉动力在加大。

表8-2 1999~2018年西部地区出口依存度

年份\地区	重庆	四川	内蒙古	陕西	云南	贵州	广西	甘肃	新疆	宁夏	青海
1999	2.74	2.54	3.53	6.40	4.62	3.25	5.29	2.82	7.28	8.49	2.98
2000	5.16	2.88	5.77	6.53	4.98	3.50	6.01	3.48	7.31	10.20	3.66
2001	5.16	2.96	3.36	4.97	4.96	3.22	4.58	3.65	3.72	9.76	4.19
2002	4.47	4.60	3.79	5.59	5.30	3.09	5.08	3.90	6.78	8.25	3.70
2003	5.64	4.87	4.41	5.98	5.63	3.59	5.96	5.57	11.20	11.00	5.82
2004	6.30	5.02	4.13	6.88	6.26	4.51	5.95	5.29	11.46	11.62	8.08
2005	6.56	5.22	3.73	6.86	6.23	3.56	5.78	4.62	15.85	9.29	4.87
2006	7.49	6.11	3.56	6.40	6.75	3.63	5.93	5.29	18.69	10.57	6.64
2007	7.96	6.23	3.68	6.50	7.65	4.06	6.52	4.67	24.83	9.28	3.74
2008	5.97	7.12	2.93	5.08	7.30	3.96	6.89	3.50	32.22	7.56	3.03
2009	4.48	6.84	1.62	3.33	5.00	2.37	7.37	1.48	17.46	3.75	1.59
2010	6.40	7.42	1.93	4.15	7.13	2.82	6.79	2.69	16.15	4.69	2.34
2011	12.79	8.92	2.11	3.63	6.88	3.38	6.86	2.78	16.44	4.91	2.56
2012	21.34	10.17	1.58	3.78	6.13	4.56	7.49	3.99	16.27	4.42	2.43
2013	22.90	9.89	1.51	3.95	8.28	5.33	8.05	4.62	16.50	6.16	2.50
2014	27.31	9.65	2.21	4.84	9.01	6.23	9.53	4.79	15.55	9.60	3.01
2015	21.87	6.86	1.97	5.11	7.60	5.90	10.35	5.33	11.69	6.34	4.23
2016	15.22	5.64	1.61	5.42	5.16	2.68	8.31	3.75	10.73	5.21	3.54
2017	14.81	6.86	2.07	7.57	4.76	2.89	10.01	1.66	11.00	7.16	1.09
2018	16.68	8.19	2.20	8.55	4.74	2.29	10.66	1.77	8.90	4.88	1.09

综上所述，西部大开发战略实施以来，西部地区的对外贸易总量有了很大程度的提高，但是出口贸易依存度较低，出口对西部地区经济的拉动作用不明显。如何使对外贸易更好地推动西部地区经济发展，应该以西部地区的对外贸易商品结构和产业结构作为切入点，优化产业结构和对外贸易商品结构，发挥优势产业的输出以促进西部地区经济的协调发展。

8.1.3 西部地区产业结构和对外贸易的商品结构

实施西部产业转移以来，西部地区产业结构变化较大。从表8-3、图8-3中三大产业的变化趋势可以看出，第一产业比重逐渐下降，由2000年的22.31%下降到2018年11.09%；第三产业比重总体呈现上升趋势，从2000年的36.07%上升到2018的48.45%；2000~2011年，第二产业比重总体上升，从41.62%上升到50.91%；自2011年开始，第二产业比重明显呈现下降趋势，至2018年下降到40.43%。说明在承接产业转移初期（2000~2010年），西部地区主要集中于第二产业的承接和发展，充分发挥其资源优势以带动经济发展。总体而言，第一产业比重下降，第二产业比重上升，第三产业比重基本保持稳定，三大产业之间的结构比例有明显改善，产业结构逐渐趋向合理化。2010年国务院发布关于中西部地区承接产业指导意见，强调深入实施西部大开发和推动形成更加合理、有效的区域产业分工格局，西部地区开始转变资源高消耗产业发展模式，转向技术型和精加工工业，这一时期第二产业比重有所下降，是较为理想的产业结构优化路径。

表8-3 西部地区三次产业结构

年份＼产业	第一产业	第二产业	第三产业
2000	22.31	41.62	36.07
2001	21.06	40.80	38.15
2002	20.13	41.44	38.43
2003	19.49	42.92	37.60
2004	19.57	44.39	36.04
2005	17.78	42.81	39.41
2006	16.26	45.27	38.47
2007	16.03	46.34	37.62
2008	15.43	48.31	36.27
2009	13.79	47.47	38.73
2010	13.18	50.02	36.80

续表

产业 年份	第一产业	第二产业	第三产业
2011	12. 81	50. 91	36. 31
2012	12. 65	50. 10	37. 25
2013	12. 51	49. 42	38. 03
2014	11. 95	47. 34	40. 70
2015	12. 05	44. 61	43. 35
2016	11. 94	42. 90	45. 17
2017	11. 44	41. 16	47. 40
2018	11. 09	40. 43	48. 45

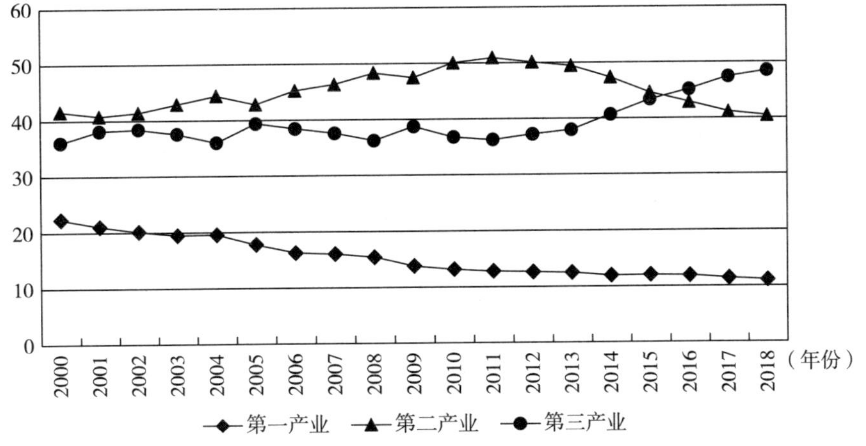

图 8－3　西部地区三次产业结构变化趋势

西部地区外贸开发与发展程度始终落后于其他地区，除了区位劣势和国家政策支持不足之外，还有一个重要原因在于西部地区外贸结构的缺陷，最为明显的特征就是出口结构“一高一低”，即一般贸易比重高，加工贸易比重低。西部地区 1999 年的一般贸易出口比重占出口总额的 54. 7%，随着我国贸易政策和西部地区承接产业转移以来产业政策的调整，近 20 年来一般贸易出口总体下降，到 2017 年一般贸易出口比重仅占 38. 6%，而加工贸易出口占比由

1999 年 45.3% 增加到 2017 年 61.4%，西部地区出口明显由低附加值的一般贸易品出口向附加值较高的加工贸易品出口转变，对外贸易结构逐渐趋于合理。如表 8－4、图 8－4 所示。

表 8－4　1999～2017 年西部地区出口商品结构　　单位：%

占比 / 年份	西部地区一般贸易出口占比	西部地区加工贸易出口占比
1999	54.7	45.3
2001	59.3	40.7
2003	55.7	44.3
2005	60.2	39.8
2007	62.4	37.6
2009	52.5	47.5
2011	47.0	53.0
2013	44.6	55.4
2015	53.6	46.4
2017	38.6	61.4

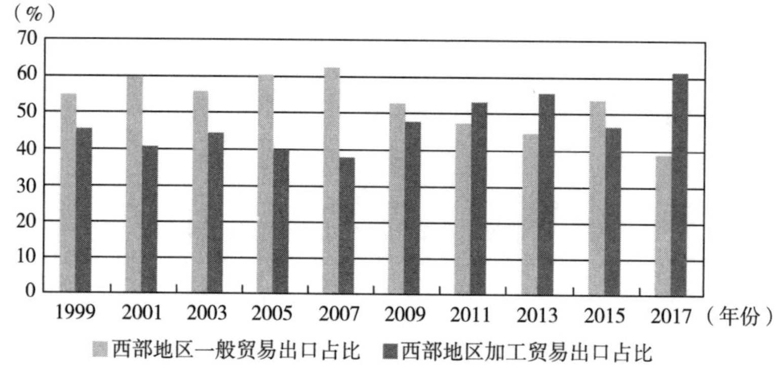

图 8－4　1999～2017 年西部地区出口商品结构变化趋势

通过对西部地区相关贸易指标的分析可以发现，随着西部大开发战略的深入实施和西部地区承接产业转移的政策优化，西部地区的产业结构趋于合理。

并且西部地区对外贸易额在增长的同时，其进出口贸易结构也在不断优化。随着对外贸易规模的不断扩大，贸易结构转换路径对促进西部地区产业结构优化越来越重要。对外贸易结构优化对产业结构优化的影响以及影响程度的研究对西部地区经济与内外经济协调发展都起着重要作用。

8.2　西部对外贸易结构变化对产业结构变化影响的实证分析

从前文对外贸易结构与产业结构的变化趋势来看，西部地区贸易结构与产业结构总体上不断优化升级。然而两者之间的关系如何，是否能相互促进？西部地区的产业结构升级一方面取决于其自然禀赋和比较优势，另一方面也需考虑到国内市场和国际市场的消费需求。贸易结构就体现区域内的产业结构和自然禀赋状况，而市场需求或贸易结构则是产业结构升级转型的重要因素。因此，理论上贸易模式与产业结构之间存在着互动升级转化的关系，下文将对两者的发展关系进行实证检验，以更好地从相关性角度推动西部地区的经济发展。

8.2.1　变量与数据选取

8.2.1.1　变量选取

王菲（2001）利用经济总量中各组成部分的自身增长率变化及占总量份额变化的乘积来反映经济结构的变化情况。结构变化效应可以分为两部分：第一部分表示各部分的增长速度，第二部分表示总体中各部分占总量的比重变化。如果为正，即结构在改善；如果值为负的话，表明结构在恶化。公式如下：

$$结构变化效应=\frac{\Delta Y_{i,t}}{Y_{i,t}}\times\left[(Y_i/Y)_t-(Y_i/Y)_{t-1}\right]$$

在此基础上，运用出口结构和进口结构变化效应作为对外贸易变化的指标，产业结构变化效应作为产业结构变化的指标。具体模型如下：

进口结构变化效应：

$$\sum(\Delta IM_{i,t}/IM_{i,t-1})\times[(IM_i/IM)_t-(IM_i/IM)_{t-1}] \tag{8-1}$$

出口结构变化效应：

$$\sum(\Delta EX_{i,t}/EX_{i,t-1})\times[(EX_i/EX)_t-(EX_i/EX)_{t-1}] \tag{8-2}$$

产业结构变化效应：

$$\sum(\Delta Y_{i,t}/Y_{i,t-1})\times[(Y_i/Y)_t-(Y_i/Y)_{t-1}] \tag{8-3}$$

其中，$\Delta IM_{i,t}/IM_{i,t-1}$和$\Delta EX_{i,t}/EX_{i,t-1}$分别表示第 t 年相较于第 t－1 年第 i 种产品的进口额和出口额增长率；其中，i＝1，2，根据 SITC 的商品分类方法按附加值高低，分为初级产品和工业制成品；$\Delta Y_{i,t}/Y_{i,t-1}$表示第 t 年相较于第 t－1 年第 i 产业生产总值的增长率，其中 i＝1，2，3，根据三次产业分类法，分为第一、第二、第三产业；$(IM_i/IM)_t$ 表示第 t 年第 i 种产品的进口额占总进口额的比重；$(EX_i/EX)_t$ 表示第 t 年第 i 种产品的出口额占总出口额的比重。$(Y_i/Y)_t$ 表示第 t 年第 i 产业生产总值占总生产总值的比重。

8.2.1.2　数据选取

西部地区三大产业产值、地区总产值、进出口额、初级产品和工业制成品进出口额的数据均来自 2000～2018 年《中国统计年鉴》和各省市统计年鉴，并通过式（8－1）至式（8－3）计算得来。

从表 8－5 的计算结果可知，除了少数年份出口结构效应为负，以及 2011 年进口结构效应为负，西部地区 2001～2018 年进出口结构值基本为正，同时从 2001～2018 年我国西部地区产业结构变化效应均为正值，说明西部地区承接产业转移有利于我国西部地区产业结构与进出口结构优化和升级。其中进出口结构变化程度大于产业结构变化程度。从图 8－5 可以直观看出，2001～2018 年西部地区产业结构和进出口结构各自变化的情况，总体而言，产业与进出口结构同时在优化，出口结构效应的波动较大，说明出口结构受到市场环境变化的影响大；而产业结构变化较稳定，进口结构变化较稳定。与表 8－6 全国产业结构和进出口结构变化比较分析可以发现，全国的进出口结构优化程度比西部地区低，说明西部地区结构有较大的上升空间，西部地区发展潜力巨大。如表8－7所示，另外，分产业分析，西部地区产业结构的优化主要得益于第二、第三产业的结构效应变化；从进出口商品结构来看，在2010年之前，进出口结构优化主要是依靠初级产品的贡献，而2010年以后主要依靠加工制成品。

表8－5　2001～2018年我国西部地区分产业、分结构的产业结构效应、出口结构效应、进口结构效应

年份	进口结构效应		出口结构效应		产业结构效应		
	i＝1	i＝2	i＝1	i＝2	i＝1	i＝2	i＝3
2001	0.018831	0.009556	0.008873	0.008640	－0.000431	－0.000606	0.003301
2002	0.001529	－0.001476	－0.006245	0.002388	－0.000498	0.000759	0.000317
2003	0.025616	－0.002729	－0.007452	0.003741	－0.000685	0.002723	－0.000987
2004	0.030278	－0.010790	－0.002966	0.001089	0.000164	0.003572	－0.002354
2005	0.014685	－0.000824	0.027408	－0.005363	－0.001851	－0.002710	0.011066
2006	0.001928	0.006368	－0.003429	0.004577	－0.001201	0.006074	－0.001428
2007	0.008139	－0.002805	0.006835	－0.008673	－0.000468	0.002594	－0.001580
2008	0.012104	－0.006792	－0.008545	－0.008721	－0.001297	0.006253	－0.002953
2009	0.004851	－0.000164	0.001040	－0.003151	0.000222	－0.000705	0.004381
2010	－0.000052	－0.003146	－0.007108	0.027154	－0.000986	0.007161	－0.002985
2011	－0.008777	－0.006013	－0.005396	0.050476	－0.000727	0.002235	－0.001069
2012	－0.001801	0.023189	0.001822	0.055950	－0.000201	－0.000951	0.001572
2013	－0.000695	0.007483	0.006527	－0.003147	－0.000128	－0.000619	0.000996
2014	0.008035	0.023916	－0.000646	－0.000799	－0.000261	－0.001032	0.004613
2015	－0.000531	0.032737	－0.000637	0.004585	0.000053	0.000295	0.003126
2016	0.000087	0.002542	0.000038	0.003301	－0.000079	－0.000684	0.002309
2017	0.017310	0.002232	－0.001045	－0.000785	－0.000152	－0.000550	0.002868
2018	－0.000345	－0.000154	－0.001194	0.004097	－0.000210	－0.000534	0.001235

表 8-6　2001~2018 年我国全国分产业、分结构的产业结构效应、出口结构效应、进口结构效应

年份	进口结构效应		出口结构效应		产业结构效应		
	i=1	i=2	i=1	i=2	i=1	i=2	i=3
2001	0.000423	0.002162	-0.000110	0.000227	-0.000362	-0.000619	0.002208
2002	-0.001611	0.005076	-0.000947	0.002705	-0.000304	-0.000352	0.001245
2003	0.004463	-0.003583	-0.001806	0.002944	-0.000448	0.001915	-0.000247
2004	0.019977	-0.009988	-0.001829	0.004108	0.001408	0.000556	-0.001373
2005	0.003863	-0.002287	-0.000834	0.001157	-0.000542	0.002038	0.000326
2006	0.003365	-0.002268	-0.000771	0.002762	-0.000713	0.000920	0.000928
2007	0.005324	-0.003230	-0.000684	0.000541	-0.000591	-0.001493	0.002609
2008	0.032264	-0.005270	0.001094	-0.000321	-0.000171	0.000185	0.000000
2009	0.006385	-0.002238	0.000374	-0.000309	-0.000200	-0.000735	0.001961
2010	0.011248	-0.007782	-0.000220	0.000240	-0.000442	0.000981	-0.000356
2011	0.014086	-0.006589	0.000275	-0.000241	-0.000172	-0.000182	0.000187
2012	0.000131	-0.000100	-0.000001	0.000325	0.000000	-0.000858	0.001611
2013	-0.000426	0.001071	-0.000035	0.000041	-0.000090	-0.000907	0.001896
2014	0.000123	0.000115	-0.000023	0.000027	-0.000118	-0.000571	0.001315
2015	0.013284	-0.003924	0.000187	-0.000065	-0.000094	-0.000448	0.002451
2016	0.000217	-0.000166	0.000054	0.000362	-0.000111	-0.000560	0.001541
2017	0.011506	-0.003745	0.000223	-0.000144	-0.000104	0.000795	0.000030
2018	0.002991	-0.001908	0.000333	-0.000218	0.000016	0.000252	0.000623

表 8-7　2001~2018 年我国西部地区与全国产业结构效应、出口结构效应、进口结构效应

年份	进口结构效应	出口结构效应	产业结构效应	西部进口结构效应	西部出口结构效应	西部产业结构效应
2001	0.003465	0.000117	0.001226	0.028386	0.017514	0.002264
2002	0.000880	0.001758	0.000589	0.000052	-0.003858	0.000578
2003	0.009990	0.001139	0.001220	0.022887	-0.003711	0.001052
2004	0.001576	0.002279	0.000592	0.019488	-0.001877	0.001382
2005	0.001097	0.000323	0.001822	0.013861	0.022045	0.006504
2006	0.002094	0.001991	0.001134	0.008296	0.001148	0.003445

续表

年份	进口结构效应	出口结构效应	产业结构效应	西部进口结构效应	西部出口结构效应	西部产业结构效应
2007	0.026993	-0.000144	0.000525	0.005333	-0.001838	0.000546
2008	0.004148	0.000773	0.000014	0.005312	-0.017266	0.002004
2009	0.003465	0.000065	0.001025	0.004687	-0.002111	0.003898
2010	0.007497	0.000020	0.000183	-0.003198	0.020046	0.003190
2011	0.000031	0.000034	-0.000167	-0.014790	0.045080	0.000439
2012	0.000645	0.000324	0.000753	0.021388	0.057772	0.000420
2013	0.000238	0.000006	0.000900	0.006788	0.003380	0.000249
2014	0.009360	0.000005	0.000626	0.031952	-0.001445	0.003320
2015	0.000051	0.000122	0.001909	0.032206	0.003948	0.003475
2016	0.007761	0.000416	0.000870	0.002629	0.003338	0.001546
2017	0.001084	0.000079	0.000721	0.019542	-0.001831	0.002166
2018	0.001100	0.000115	0.000891	-0.000498	0.002903	0.000491

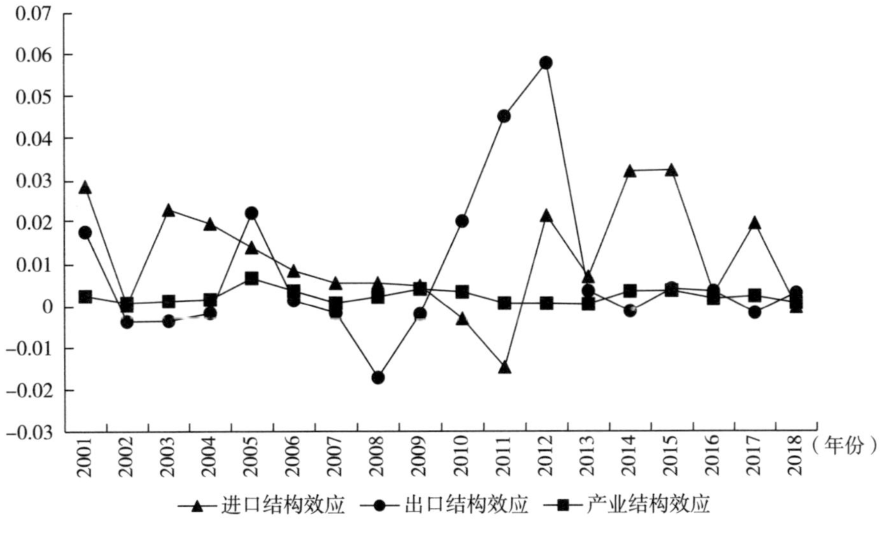

图 8-5　我国和西部地区产业结构效应、进口结构效应与出口结构效应变化

8.2.2 数据平稳性检验

在对时间序列模型进行检验时，首先必须考察各组时间序列变量的平稳性问题，又称为变量的平稳阶数。当数据是平稳的，即不存在单位根时，可以采用格兰杰因果检验。在时间序列平稳性检验时，应用较多的有 Augmented Dickey - Fuller（ADF）法和 Phillips - Perron（PP）法。本章重点采用 ADF 检验法，结果如表 8 - 8 所示，其中 STRIM 表示进口结构变化、STREX 表示出口结构变化、STRIND 表示产业结构变化。由表 8 - 8 可以看出，我国产业结构、出口贸易结构与进口贸易结构效应的 ADF 值小于 5% 或者 10% 的显著性水平临界值，表明它们都是平稳的变量。

表 8 - 8 中国产业结构变化与进出口结构变化平稳性的 ADF 检验结果

变量	1% 临界值	5% 临界值	10% 临界值	ADF 值	结论	滞后项数	是否平稳
STRIM	-3.750	-3.000	-2.630	-2.397	拒绝原假设，不存在单位根	0	是
STREX	-3.750	-3.000	-2.630	-4.962	拒绝原假设，不存在单位根	0	是
STRIND	-3.750	-3.000	-2.630	-3.188	拒绝原假设，不存在单位根	0	是

8.2.3 格兰杰因果检验

单位根检验结果表明，西部地区进口结构变化与产业结构均为平稳序列，但是二者是否存在因果关系，还需要进一步验证。下文采用格兰杰因果检验法，检验结果如表 8 - 9 所示，选择 AIC 最小值的滞后项即滞后二期。

表 8 - 9 西部地区进口结构变化与产业结构的格兰杰因果检验

原假设	F 统计量	概率值	滞后期数
STRIM 不是 STRIND 的格兰杰原因	0.17	0.6874	2
STRIND 不是 STRIM 的格兰杰原因	3.43	0.0641	2

续表

原假设	F 统计量	概率值	滞后期数
STREX 不是 STRIND 的格兰杰原因	4.28	0.0387	2
STRIND 不是 STREX 的格兰杰原因	0.1	0.7577	2

在滞后二期，西部地区产业结构不是进口结构的格兰杰原因，在假设10%的显著性水平下被拒绝，而西部地区进口结构不是产业结构的格兰杰原因则被接受。这说明中国进口结构与产业结构变化之间存在单项因果关系，即产业结构变化是进口结构变化的格兰杰原因，而进口结构变化不是产业结构变化的格兰杰原因。同时在滞后二期，即在5%显著性水平下，我国出口贸易结构与产业结构之间存在单向因果关系，出口贸易结构是产业结构的格兰杰原因。

8.2.4 脉冲响应分析

由格兰杰因果检验关系可知进出口贸易结构优化是产业结构优化的原因，为进一步确定它们之间因果关系强度大小，需要进一步进行脉冲响应分析。

如图 8-6 所示，从出口产品结构的脉冲响应来看，出口产品结构的变化的正向冲击在第 1~3 期之间对产业结构优化产生先减少后增长的波动性负冲击，第 3 期后开始产生正向效应，直到第 8 期之后冲击基本消失。从进口产品结构的脉冲响应来看，进口贸易结构的变化呈现先增长后减少的正效应，在第 1 至第 2 期呈现出增长的趋势，且到了第 2 期达到了最大值，第 3 至第 6 期呈现下降趋势，且下降到为负值，然后又有小幅增长，直到第 8 期之后冲击基本消失。以上分析表明出口贸易结构和进口贸易结构变化对产业结构优化都产生冲击，短期内进口贸易结构对产业结构优化的积极影响超过出口贸易结构。

8.2.5 实证分析结果

以上基于西部地区 2000~2018 年时间序列数据以及西部地区 10 个省区市的面板数据，对进出口贸易结构与产业结构变化效应进行测度，对三者计算所得的变化效应值进行了单位根检验、因果关系检验与脉冲响应分析。通过实证分析进出口贸易结构优化对产业结构升级的影响程度，得到进口贸易结构的优化对产业结构升级都有一定的促进作用，但是效果微弱。因此，西部地区应在生产要素禀赋优势基础上，对产业政策和对外贸易政策不断调整，加快进口结构优化进程，加大进口贸易结构对产业结构优化的拉动作用。

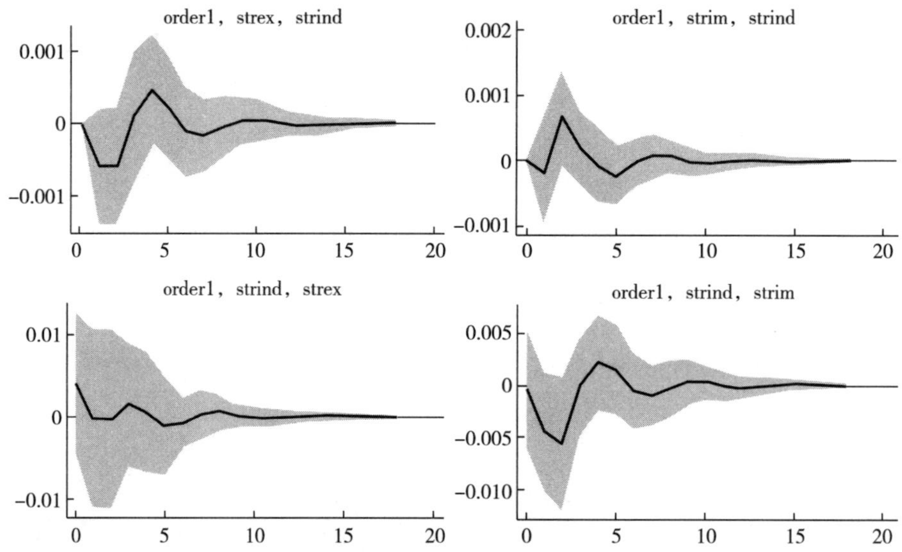

图 8-6　进出口结构优化与产业结构优化之间相互影响的脉冲响应函数曲线

8.3　结论及政策建议

改革开放以来西部地区对外经贸发展相对滞后，2000 年的西部大开发战略为西部发展注入政府的大力支持，西部对外贸易取得较大的增长。近年来，我国双循环的提出以及"一带一路"倡议为西部地区经贸发展提供了巨大机遇。西部地区应该抓住这个机遇以外贸发展带动地方产业结构升级以及经济发展。但是，对我国西部地区的贸易结构与产业结构的实证研究发现，贸易结构与产业结构之间仅存在单向因果关系，即进口结构变化和出口结构变化是产业结构变化的 Granger 原因，反之却不成立。具体而言，进口商品结构对产业结构具有一定程度的推动作用，但是促进作用微弱；而出口商品结构对产业结构有极小的抑制作用。在西部地区，贸易结构与产业结构远远没有实现良性互动。自西部地区经济开放以来，进出口贸易对产业结构的升级作用以及经济的推动作用十分有限，产业结构的变化更多的是来自自身的贡献。

根据本章的实证分析，西部地区在对外贸易的过程中，应当重视“进口贸易”的作用，改善进口商品结构，以充分发挥进口贸易对产业结构以及当地经济的推动作用。

西部地区的贸易规模要与经济发展的实际需要相适应，尤其要扩大以国外先进设备和技术为核心的资本品进口，以便为有色金属深加工和精加工工业体系（资源依赖性产业体系）的建立提供必要的设备和技术，以实现从低附加值的初级产品贸易到加工制成品贸易的贸易结构优化。

西部地区的对外开放要淡化出口，强调进口。过去我国发展对外贸易的核心目标是出口创汇。但是，西部地区的出口创汇能力很低，在出口方面很难得到巨大发展。对西部地区而言，应该将着力点放在进口方面，通过资本、技术和制度的“进口”来培植现代经济结构。重视对外部先进技术、法律、管理经验等“软件”的引进。西部地区不仅存在着资金缺口，而且更重要的是存在技术缺口以及管理等制度缺口。西部地区在今后的对外开放中应该大力引进外部先进的技术和制度，配置新的产业，改造传统产业，建立现代经济结构，在开放中实现发展和赶超。在对外开放中，外部资本、技术和制度不仅是内部资源的补充，而且也是内部传统经济结构的替代。西部地区必须通过对外开放建立新的经济结构，包括产业结构、技术结构和制度结构，为地区经济整体发展奠定基础。

9 国家级新区的建设对区域经济发展的异质性影响

国家级新区是由国务院审批并进行统一规划与建设的综合功能区。在我国经济转向高质量发展的现阶段中，国家级新区承担着国家重大发展与改革战略任务，旨在通过科学引导资源分配、优化区域分布与夯实核心竞争力来完善中国特色社会主义经济体制建设。国家级新区的建设历程大致可以分为三个阶段：1992～2009年的新区初步探索开发阶段、2010～2013年的新区政策扩容发展阶段以及2014年至今的新区进一步复推阶段。从1992年第一个国家级新区——上海浦东新区到2017年具有重大历史意义的河北雄安新区战略，我国国家级新区首先实现了由南向北经济示范的引领作用，后在西部大开发和振兴东北老工业基地战略中完成了促进地区经济发展的任务，紧紧贴合我国各阶段经济社会的发展需求，充分带动了长江三角洲区域、华北地区和京津冀地区等的经济发展。可以说，整个建设历程与中国特色社会主义经济体制的发展息息相关，并在改革开放的各个阶段发挥了至关重要的作用。

截至2020年，我国已有19个国家级新区，设立的城市遍布中国东西南北各个地区，承载着成为国家特定区域增长极与发挥辐射带动周边地区的作用（范巧和郭爱君，2018）。国家级新区往往被授予先行先试的特殊权限，受到的优惠政策远远多于普通城市，新区的发展不仅关系到国内某一特定区域经济发展，更关系到我国区域协调发展总体战略部署和安排（王佳宁和罗重谱，2012）。但近年来中美贸易关系恶化，给国内经济带来下行压力，再加上今年新型冠状病毒性肺炎疫情的蔓延，使本就不稳定的经济环境雪上加霜。此时更需要国家级新区肩负起带动经济增长与稳定区域发展的重任，如何充分发挥国家级新区对周边地区辐射带动能力显得更具有现实意义。就目前而言，批复建设国家级新区在取得了巨大成果的同时，也受制于外部因素而不能充分发挥全部经济作用。具体表现为以下三个方面：一是国家级新区的设立很大程度上依赖于大力度的优惠政策，其具体落实往往具有不确定性，地方政府会因发展侧重目标的差异影响新区建设的效率和造成资源配置偏差。同时随着国家级新区数量的增加，各新区所享受的补贴政策力度有所缩减，增大了增量改革的难度，进而收获的改革红利也不断减少（曹清峰，2020），国家级新区是否还能带动地区经济发展是影响未来进一步建设的关键。二是需要深入对国家级新区区位选择的研究，探索其在区域协同发展机制中的作用，是制定科学、合理区域发展格局的重要前提（彭建等，2015）。基于中国各城市群的资源条件不同，能支撑建设的国家级新区数量有限，更需要优化地区土地空间开发，达到最优资源配置效果。而且国家级新区为所在地区带来的经济发展效益也略有差别，结合基准经济环境和建设成本来细致研究各地区经济发展的效应，可以给未来进一步建设新区带来必要启示作用。三是现有国家级新区的区位布局与规划建设面积是否适用于所在地区，且能否给地区经济发展带来最大贡献。当前国家级新区分为一区单市与一区双市两种布局模式，其中差别为涉及的行政机构是市还是省，单市布局仅由市级政府规划建设，双市布局会由省级政府牵头负责，明显后者的资源配置效率会更高。同时，合理运用地区土地资源和生产要素可以发挥国家级新区的规模优势，过大或过小规划面积的国家级新区反而会抑制经济发展的溢出效应。因此，如何才能科学、合理运用资源来建设国家级新区需要具体可行的实证检验来说明。

综上可见，建设国家级新区的过程中贡献与问题并存，那么国家级新区在总体上是否推动了地区经济发展？若是国家级新区对地区经济发展的确存在促进作用，又该如何进一步发挥更有效的作用并调节地区间的发展不平衡性？严谨评价国家级新区对地区经济发展的影响，对未来建设国家级新区与制定经济高质量发展政策具有重要现实意义。基于此，本章采用面板数据与多期双重差分方法分析国家级新区对地区经济发展的异质性影响。文章的创新点主要有：一是利用 2002 ~ 2018 年中国 70 个大中城市面板数据，采用多期双重差分方法解析了国家级新区对地区经济发展推动净效应的大小；二是分析了建设国家级新区对地区经济发展的作用机制；三是检验了国家级新区对地区经济发展作用的“区－市”布局形式、区位条件以及建设规划面积异质性。

9.1 文献综述与理论假设

9.1.1 文献综述

国家级新区是国家深入改革开放和带动区域经济增长的重要战略，新区的发展贯穿了中国特色社会主义经济体制的建设历程，并提供了巨大的经济贡献。随着近些年国务院批复国家级新区数量的增加，国内外学者基于发展历程、区位选择、辐射带动和作用评价等方面对国家级新区展开了大量的研究。上海浦东新区和天津滨海新区作为我国最早建设的国家级新区，给后续国家级新区的规划带来了重要的经验和启示。早期对国家级新区的研究主要集中于定性分析其管理体制与作用机制，张晨光（2008）、朴银哲等（2012）在投融资体制、功能区设置和开发手段上对浦东新区和滨海新区进行比较，审视了两区在建设中的优势与不足，科学评价了国家级新区对地区与所在经济群的经济发展的巨大推动作用，并建议国家级新区要探索适合所在地区的发展模式。随着我国改革开放的不断深入，国家大力开展西部大开发与振兴东北老工业基地战略，为国家级新区带来了新的发展机遇。国家级新区开始进入扩容发展阶段，选择新区建设的区位对未来地区经济发展格局至关重要。彭建等（2015）以中国23个大城市群为评价对象，构建了国家级新区区位选择的评估体系，分析了不同城市群的自身承建条件，证实了已有国家级新区架构的合理性，并为之后新区的区位选择提供了科学的参考价值。王佳宁、罗重谱（2012）考察了四个国家级新区的管理体制和功能区设置，发现两者间的交互作用和协同关系会影响国家级新区的发展形势和国家区域协调发展战略成果。同时国家级新区的建设体系也不是一成不变的，会随着国家经济发展的目标而创新，关系到我国社会经济发展的整体战略部署。Audretsch 和 Feldman（1996）分析了地区经济发展的推动因素，认为制度和技术的创新对经济发展的作用十分关键，架构了产业集聚与地区经济增长的关系模型，发现产业集聚作为落实创新机制的重要途径，会极大地促进区域经济关联与协调发展。谭凌波等（2013）比较了浦东新区、滨海新区和两江新区的发展动力，认为国家级新区的发展离不开资金和人口的集聚。晁恒等（2015）结合国家级新区的发展历程，以尺度重构为视角探讨了“多规合一”的空间规划对国家级新区制度模式和战略引导的作用，在区域价值方面为新区的发展提供了制度优势。这一阶段发展到 2013 年，国家级新区的数量增加到 6 个，每个成立的国家级新区都对所在地区的经济发展贡献了巨大的力量，并逐渐开拓为多元发展目标的示范功能区，至此国家级新区完成了扩容发展阶段。

随着中国特色社会主义经济体制的发展，习近平总书记提出的“一带一路”倡议引起了全球范围的关注。国务院相继批复了诸多国家级新区来呼应国家三大战略，即“长江经济带”“一带一路”以及“京津冀协同发展”，其中 2017 年建设的河北雄安新区更是具有历史意义的国家特殊战略。国家级新区开始进入了增量复推阶段，学者们也开始转向用定量分析方法来评估国家级新区的政策效应。柳天恩等（2019）基于中国 285 个地级市面板数据，采用双重差分方法评估了国家级新区对地区经济发展的政策效果，证实了新区对经济发展的促进作用，其中低行政等级城市的国家级新区会受到更有效的推进效应，并具有约 2 年的政策预期效应。王志锋等（2019）运用区县层面数据分析国家级新区对经济发展的作用机制，发现新区有利于促进外向型经济发展，提高区域创新能力，并调整产业结构，且较早设立的新区对创新、就业和经济增长的作用更为明显。结合国家级新区承担的战略责任，其对区域经济发展与机制创新的作用同样不可忽视（郝寿义，2018）。Lu 等（2015）使用断点回归方法来划分经济区域评估中国经济特区的政策效应，发现中国经济特区内的投资与就业量显著提高，对区域内资本密集型的企业产生的作用更大。曹清峰（2020）同样使用双重差分方法评估国家级新区对区域经济增长的效应，发现国家级新区通过空间溢出效应促进了区域协调发展，并带动了周边 150 ~ 200

千米内城市的经济增长。

9.1.2 理论假设

回顾国家级新区近30年的建设历程，可以发现国家级新区通过以下三个原因带动了地区经济发展和转型：

第一，作为承担国家重大发展与改革战略任务的综合功能区，国家级新区的开发与建设跨越了省市层面的行政管理，直接由国家制定目标与规划发展，享有比传统城市新区更为优惠的政策，对地区经济发展有带动作用。不同于建设目标单一的经济开发区和高新区，国家级新区超出了简单的经济体制改革范围，实施的政策体系包含了经济社会的诸多方面，尤其先行先试的政策特征在制定管理体系方面给了国家级新区很大的自主权。中央政府会给予国家级新区富足的要素投入，并不断进行制度创新来激励发展（杨小军，2009），体现着国家通过空间生产来推动区域经济发展的战略演变。同时资源要素的异质性使生产分工逐渐区域化，使区域与城市的联系更加密切，Kim（2007）分析了亚太地区的区域分工模式，发现大多发展中国家会选择建立高新技术区、开发区、出口加工区等来聚集相邻城市间的产业，形成快速发展的新经济区域。国家级新区特殊的战略定位决定了其建设会紧紧贴合国家各阶段的发展需求，享受税收、人才引进、企业补贴等的优惠力度也远大于普通产业区，新区管理体制也可以随着经济发展灵活调整，这一系列的优势都使国家级新区能明显地推动地区经济发展。

第二，国家级新区的发展历程与中国特色社会主义经济体制建设息息相关，国务院批复的国家级新区的时间点都对应着中国经济转型阶段，极大促进了地区经济的发展。在国内正值改革初期、国际贸易体系建立时期，中共中央与国务院经过综合考虑决定，在中国经济金融中心上海成立浦东新区。浦东新区的定位为上海国际金融中心与国际航运中心功能区，通过引入国际资本和加深国际贸易合作来加快融入国际市场的步伐，并引导其为长三角经济增长极。南北经济发展不平衡的问题同样存在于社会主义经济建设初期，因此国务院提出加快深化华北地区经济改革，在其经济中心城市的天津市设立天津滨海新区，以京津冀为依托来推进自主创新。之后受到金融危机的影响，经济整体发展出现疲软趋势，但我国改革开放处于不断深入时期，因此设立重庆两江新区来推进新兴产业发展，通过激励内需消费和经济转型来应对危机。同时我国意识到海域经济在整体经济发展中的作用越来越大，国务院批复设立浙江舟山群岛新区来激发海域经济的发展潜力，并促使其成为带动长江三角洲地区经济发展的主力。为加强粤港澳之间的联系与经济贸易，国务院批复了建设广州南沙新区，并以此来驱动珠江三角区的经济改革，为后续粤港澳大湾区战略奠定经济基础。根据国家不同时段发展需求而设定的国家级新区的特定定位与发展侧重点，也是推进所在地区经济发展的重要原因。

第三，国家级新区在政府的引导下成为所在地区的产业集聚区，通过集聚经济来带动经济增长。在国家级新区成立初期，中央会投入大量资源与资本进行配套基础设施的建设，而基础设施的建设需要土地要素的供给，此时政府会利用土地资源进行融资提高国家级新区禀赋，为招商引资创造良好的商业环境（郑思齐等，2014），吸引大批量企业落户新区并进行新一轮要素引进。政府会优先给落地企业提供充足生产要素，在专业化的管理制度下引导国家级新区主产业发展，促进资源的高效配置。同时齐全的公共基础设施降低企业的生产成本，给国家级新区产业集聚提供经济条件，形成新区企业集聚的良性循环。随着企业集聚程度扩大，国家级新区需要大量劳动力要素来驱动经济发展。因此，国家级新区会通过完善人才引进制度来集聚高素质人力资源，将福利政策落实到生活的方方面面。高素质人力资源是现代产业发展的核心力量，设置科学合理的激励政策会进一步提升人力资源的技术水平，进而推动国家级新区产业优化与创新。创新会驱动经济发展与产业升级，拥有一个创新的环境有利于国家级新区发挥产业集聚效应（张晓宁，2018）。国家级新区通过与国家智库和高等科学研究院交流合作来构建创新发展的平台，给新区企业的劳动力资源提供技术创新的机会，使高科技水平在高质量产业中得以实现，推动所在地区的经济转型与高质量发展。根据以上分析，本章提出：

假设 1：设立国家级新区可以带动地区经济发展。

改革开放以来，我国区域发展一直在从非均衡发展向协调平衡发展中转变。东部沿海地区改革首先取得了巨大的成功，并通过示范效应和技术经济合作等途径推动了中西部地区的发展（肖金成，2019），我国东、中、西部三大地带始终呈现出经济梯度发展的局面。但随着国家西部大开发和振兴东北老工业基地的区域战略推进，近些年中西部地区经济增长势态良好，并逐渐转向高质量发展阶段。总体上看，东、中、西部地区间的经济环境和要素禀赋还是有差异的，也会导致设立国家级新区对地区经济发展的推动作用存在差异性。根据边际递减效应的经济原理，初始经济环境和基础设施建设更优越的地区，实施优惠政策促进地区经济发展的边际效应反而较小，而对相对欠发达地区经济发展的推动效应和辐射作用更大。刘瑞明（2015）指出，初始要素禀赋会对同一经济政策发挥的效果产生影响，导致国家高新区对经济增长的推动作用会随着城市等级地位的提高而减少。同时国家级新区的定位与发展侧重点会因所在地区的经济特征而有不同，发达地区国家级新区偏向于进一步发挥地区本有的优势，如上海浦东新区的金融功能区定位，而欠发达地区会通过建设国家级新区全方位带动周边地区发展。基于以上分析，本章提出：

假设 2：根据边际递减效应，相对于发达地区，国家级新区对欠发达地区经济发展的促进作用更大。

9.2 模型选择及变量说明

9.2.1 模型选择

本章采用双重差分方法检验设立国家级新区对地区经济发展的政策影响，将国家级新区的设立视为一项准自然实验，其中实验组为受国务院批准而设立国家级新区的城市，控制组为没有被设立为国家级新区的城市。截至 2020 年，中国已先后设立了 19 个国家级新区，包括 23 个城市。由于国家级新区是承担国家重大发展任务的综合功能区，具有较长远的战略目标和责任，国务院选择设立国家级新区的城市时会进行多方位的考察，这在一定程度上缩小了普通地级市成为备选城市的可能性。本章结合考虑双重差分方法实施的前提条件，将研究样本精确为中国 70 个大中城市，样本城市间的差异性较弱，多为国家各区域内发展突出的中心城市。

在传统双重差分方法中，需要区分并设置实验分组虚拟变量与分期虚拟变量。具体来说，是否受到政策影响决定实验分组虚拟变量的赋值，未受到政策影响的控制组样本取值为 0，而实验组样本取值为 1；政策实施的时间决定分期虚拟变量的赋值，政策实施之前的年份取值为 0，政策实施当年及以后取值为 1，其中分组与分期虚拟变量的交互项是检验政策影响效果的关键。本章中不同于传统双重差分中政策时间点统一的特性，国家级新区是逐年分批次设立的，因此参照 Beck 等（2010）以及刘瑞明和赵仁杰（2015），采用多期双重差分进行估计，检验国家级新区的设立对地区经济发展的影响。具体计量模型设定如下：

$$lngdp_{it} = \beta_0 + \beta_1 did_{it} + \lambda X_{it} + \mu_i + \gamma_t + \varepsilon_{it} \tag{9-1}$$

其中，$lngdp_{it}$为被解释变量，表示第 i 个城市在 t 年的经济发展水平，我们选取实际 GDP 对数值来衡量各地区经济发展水平。did_{it}为设立国家级新区的虚拟变量，即城市 i 在 t 年设立了国家级新区，那么城市 i 在 t 年当年及以后的年份中，双重差分估计量 $did_{it}=1$，否则为 0。did_{it}的系数 β_1 为核心估计参数，表示设立国家级新区对地区经济发展水平的净效应；如果 β_1 显著为正，说明国家级新区的设立带动了地区的经济发展；反之，则存在抑制效果。X_{it}为其他影响经济发展的控制变量，包括投资水平、政府规模、对外开放程度、教育水平、第二产业发展水平和基础设施建设水平。μ_i 为各城市个体固定效应，γ_t 为时间固定效应。

9.2.2 变量说明

9.2.2.1 被解释变量

本章选择地区实际 GDP 的对数值 lngdp 作为衡量地区经济发展的指标。鉴于中国于 2001 年末正式加入世界贸易组织，且国内经济制度已趋于稳定，因此本章选取 2002 ~ 2018 年各地区数据进行实证分析。考虑到样本数据间的可比性，文中以 2001 年各省消费价格指数为基准，运用“当年各地区 GDP 除以地区 2001 年消费价格指数”计算得到了各年各地区实际 GDP。

9.2.2.2 核心解释变量

核心解释变量是国家级新区虚拟变量 did，根据国务院批复设立国家级新区名单的时间进行赋值。设立国家级新区城市的当年及以后取值为 1，否则取值为 0。其中，除去上海浦东新区的设立时间为 1992 年，其他国家级新区设立的时间点都在本章样本年段间，且浦东新区设立年份所处国内外经济环境与其他新区有所差异，在之后的发展中，国家政策也较具有优越性，故下文基准回归中剔除了上海浦东新区样本。

9.2.2.3 控制变量

为了控制其他影响经济发展的因素的影响，根据现有文献，我们选取了以下控制变量：①投资水平（invest），地区的经济发展离不开投资的带动作用，文中采用城市每年固定投资与地区生产总值的比值衡量；②政府规模（gov），政府在中国的经济发展中扮演着重要的角色（林毅夫、刘培林，2003），采用政府预算公共支出与地区生产总值的比值衡量；③第二产业发展水平（second），各地产业结构的优化和发展对地区经济发展的影响也十分重要，采用各城市第二产业产值与地区生产总值的比值衡量；④城市化进程（urban），各地区城镇化的推进在一定程度上反映了经济发展的态势，采用各城市非农业人口与地区年末人口总数比值衡量；⑤对外开放度（open），外商资金的投入是地区经济发展的重要渠道，采用实际使用外资金额与地区生产总值的比值衡量；⑥高等教育水平（edu），城市中高素质人力资本会带动地区经济发展的节奏，采用普通高等学校在校学生数与地区年末人口总数的比值衡量；⑦基础设施建设（infra），完备的城市基础设施会对经济发展产生推动作用，采用城市人均城市道路面积衡量。表 9－1 为本章中所有变量的选择与计算方法。

本章选取 2002～2018 年中国 70 个大中城市数据分析国家级新区对经济发展的影响。所有原始数据均来自《中国城市统计年鉴》、各省区市统计局历年公开年鉴，对部分缺失数据运用插值法进行补全。表 9－2 为各变量的描述性统计结果。

表 9-1　主要变量及计算方式

变量类别	变量名称	计算方法
被解释变量	地区经济发展水平（lngdp）	地区名义 GDP 与 2001 年消费价格指数比值的对数
核心解释变量	国家级新区（did）	虚拟变量（0，1）
控制变量	投资水平（invest）	固定投资额与地区生产总值的比值
	政府规模（gov）	政府预算公共支出与地区生产总值的比值
	第二产业发展水平（second）	第二产业产值与地区生产总值的比值
	城市化进程（urban）	非农业人口与地区年末人口总数比值
	对外开放度（open）	实际使用外资金额与地区生产总值的比值
	高等教育水平（edu）	普通高等学校在校学生数与地区年末人口总数比值 ×100
	基础设施建设（infra）	人均城市道路面积

表 9-2　变量的描述性统计

变量名称	均值	标准差	最小值	最大值
lngdp	14.46179	1.084863	10.49295	17.2844
did	0.084399	0.2781038	0	1
invest	60.30681	25.24885	12.72244	164.6675
gov	12.58604	4.995815	0.744741	32.25372
second	46.00965	8.642703	18.14	66.33
urban	98.1269	3.237403	74.1	99.99
open	4.394791	4.100567	0.0043552	50.72464
edu	3.617368	3.135989	0.0559606	13.111241
infra	5.703414	5.368708	0.3448179	47.29345

9.3　实证分析及结果

9.3.1　基准模型检验

设立国家级新区在中国大中城市具有差异化特征，为研究提供了一个准自然实验，因此本章选择双重差分模型检验国家级新区的设立对地区经济发展的影响，同时控制了模型的个体与时点双固定效应，表9－3报告了式（9－1）的回归结果。表9－3中，模型（1）是仅控制了变量did与双固定效应时的估计结果，模型（2）是加入了其他控制变量的估计结果。结果显示，无论是否加入控制变量，我们主要关注的变量did的回归系数都显著为正，这表明建设国家级新区对地区经济发展具有显著的推动作用。表9－3的回归结果验证了上述假设1，国家级新区的设立对地区经济发展的带动作用具有较强的显著性。

表9－3 基准模型回归结果

变量	模型（1）	模型（2）
did	0.0445** （2.46）	0.0415** （2.35）
控制变量	未控制	控制
_cons	13.273*** （652.86）	11.903*** （47.89）
城市固定效应	控制	控制
年份固定效应	控制	控制
N	1173	1173
R^2	0.9881	0.9912

注：括号内为t值，*、**、***分别表示在10%、5%、1%水平下显著。限于篇幅，表中省略了控制变量回归结果。以下各表同。

9.3.2 稳健性检验

9.3.2.1 反事实检验

为了深入检验基准回归结果的稳健性，参考已有文献（范子英、田彬彬，2013；袁航、朱承亮，2017），需要通过改变国家级新区设立时间进行反事实检验，研究国家级新区的建设对经济发展的净效应。目的是考察是否存在除国家级新区的其他政策实施或随机性因素，会对地区经济发展产生影响，即检验未批准建设国家级新区前，双重差分did对地区经济发展的效应。故本章将各地批准设立国家级新区的时间统一提前一年（pre1 - did）、提前两年（pre2 - did）和提前三年（pre3 - did）来排查其他因素对地区经济发展的作用。若提前设立国家级新区未对地区经济发展产生显著影响，证明未设立国家级新区前，各城市之间不存在其他政策因素产生的系统性差异，基准模型所得出的结论是具有信服力的；反之，若国家级新区的提前设立对地区经济发展有显著作用，说明存在其他政策因素推动了地区经济发展，经济的发展不是得益于国家级新区的设立，前文基准回归的结论则不成立。具体回归结果如表 9 - 4 所示。

表 9 - 4 反事实检验回归结果

变量	模型（1）	模型（2）	模型（3）
pre1 - did	0.0262 （1.62）		
pre2 - did		0.0129 （0.85）	
pre3 - did			0.0014 （0.10）
控制变量	控制	控制	控制
_cons	11.9138*** （48.06）	11.9211*** （48.13）	11.9259*** （48.15）
城市固定效应	控制	控制	控制
年份固定效应	控制	控制	控制
N	1173	1173	1173
R^2	0.9911	0.9911	0.9911

从表 9 - 4 中模型（1）到模型（3）检验表明，改变国家级新区设立时间结果并不显著，即将设立时间统一提前 1 ~ 3 年后，建设国家级新区对地区经济发展并无显著效果。从而证实了在未批复国家级新区设立时，并未存在其他因素产生的系统性差异，地区的经济发展确是由国家级新区的设立推动的。

9.3.2.2 安慰剂检验

以随机化实验组与控制组方法为基准进行安慰剂检验。具体方法为，从所有样本城市中随机选择 19 个城市作为设立国家级新区的实验组，并随机为被选中的城市设定政策年份，形成全新随机的实验组与控制组样本。在此基础上利用新的样本组进行双固定效应的双重差分模型基准回归，即表 9-1 模型（2），完成 1 次安慰剂检验。为提高检验的信服力，将上述过程重复 1000 次，将得到的 1000 个 did 估计系数与实际 did 的估计系数进行对比分析。估计结果分布如图 9-1 所示，随机化 did 的估计系数满足正态分布，大部分分布区间小于 0 且系数均值为 -0.031258，远小于实际情况下 did 的系数 0.0415，说明设立国家级新区显著地带动了所在城市的地区经济发展。

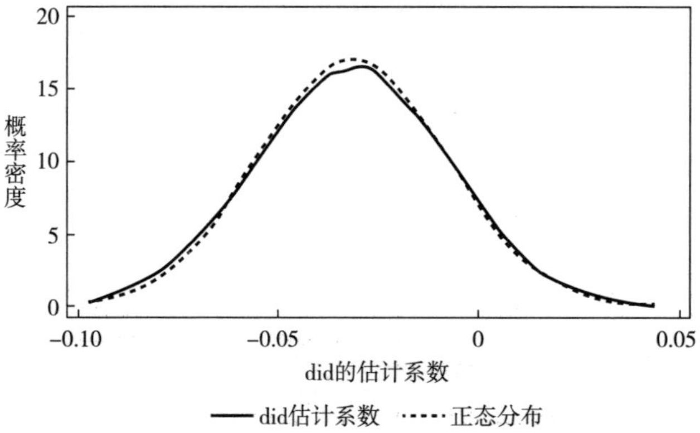

图 9-1　安慰剂检验结果

9.3.2.3　平行趋势检验

渐进双重差分方法有效性的前提是趋同假设，即在未设立国家级新区前，实验组与对照组城市的经济发展趋势应该是平行的或不存在显著的差异。为了检验前提假设的可行性，本章借鉴 Jacobson 等（1993）和 Beck 等（2010）采用事件分析法来进行平行趋势的检验，设定如下估计模型：

$$lngdp_{it} = \beta_0 + \beta_1 did_{it}^{-6} + \beta_2 did_{it}^{-5} + \cdots + \beta_{13} did_{it}^{+6} + \lambda X_{it} + \eta_t + \mu_i + \varepsilon_{it} \tag{9-2}$$

其中，did_{it}^{j}表示一系列的虚拟变量，j 的符号为负代表城市 i 设立国家级新区之前的第 j 年，j 符号为正代表批复国家级新区建设的第 j 年，本章选取了国家级新区设立前6年，与开始设立之后的6年进行估计。其他变量与式（9-1）中含义相同。我们关注的是系数 β_j 的刻画，表示设立国家级新区开始第 j 年时，实验组与控制组之间的经济发展差异。若 β_j 在 $j<0$ 期间的波动较小或趋势较为平缓，说明模型满足双重差分的趋同假设；反之，如果 β_j 在 $j<0$ 期间表现为显著上升或下降，说明实验组与控制组城市在设立国家级新区前，经济发展已经有了明显的差异，不满足平行趋势假设。具体趋势如图9-2所示。

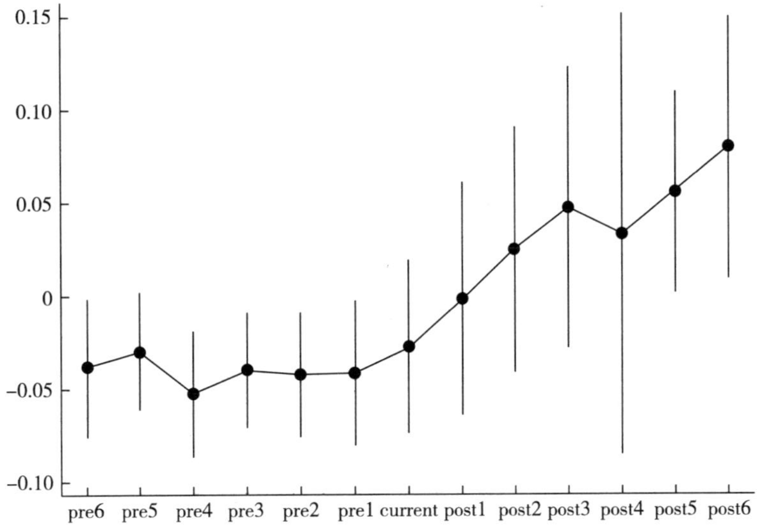

图9-2 平行趋势检验结果

从图9-2可以看出，在 $j<0$ 时期，β_j 的估计值变化平缓且波动较小，表明设立国家级新区前实验组与控制组城市的经济发展水平不存在显著差异，满足了共同趋势假设。而从 $j=0$ 开始，β_j 的估计值表现出大幅的增长趋势，说明国家级新区的设立显著地提高了所在城市的经济发展。

9.3.3 作用机制检验

现阶段我国经济侧重于构建高质量发展制度环境与深化宏观经济体制改革，国家级新区的设立同时承担了重大国家改革发展任务。总体来说，各城市本身间的宏观经济环境会存在些许差异，设立国家级新区会通过改善现有宏观经济环境的不足来推动地区的经济发展。为检验设立国家级新区后，宏观经济环境较差的地区是否会受到更为明显的推动发展，本章在基准回归模型的基础上设定如下估计模型进行检验：

$$lngdp_{it} = \beta_0 + \beta_1 did_{it} + \beta_2 did_{it} \times condition_i + \lambda X_{it} + \eta_t + \mu_i + \varepsilon_{it} \quad (9-3)$$

其中，变量 $condition_i$ 代表各城市的宏观经济环境，本章采用地区金融从业人数与年末人口总人数的比值来衡量，分别计算了 2002 年初始宏观经济环境指数与 2002～2018 年的算术平均值的宏观经济环境指数进行回归。根据前文的回归经验，双重差分项的系数 β_1 为正，因此主要考察交互项系数 β_2 的正负，当系数为负可以说明设立国家级新区的确可以通过改善城市宏观经济环境来推动地区的经济发展，实现高质量的改革发展任务。具体回归结果如表 9－5 所示。

表 9－5　作用机制检验结果

变量	模型（1）	模型（2）
did	0.1728 *** （4.33）	0.1506 ** （3.44）
did × Initial	-0.2993 *** （-3.88）	
did × Average		-0.1792 ** （-2.83）
25%分位数处结果	0.0925 *** （3.99）	0.0981 *** （3.52）
50%分位数处结果	0.0593 ** （3.17）	0.0634 ** （3.19）
75%分位数处结果	0.0228 （1.29）	0.0275 （1.54）
控制变量	控制	控制
_cons	11.9051 *** （47.66）	11.9077 *** （47.75）

续表

变量	模型（1）	模型（2）
城市固定效应	控制	控制
年份固定效应	控制	控制
N	1173	1173
R^2	0.9913	0.9912

表9-5的结果显示，无论在初始宏观经济环境还是平均宏观经济环境条件下，双重差分项的系数 β_1 为正，交互项的系数 β_2 都为负。这说明宏观经济环境处于劣势的城市，设立国家级新区后的经济发展幅度更大，效果更为显著。回归结果中也报告宏观经济环境处于不同分位数城市的经济发展效应，可以发现，处于25%分位数即宏观经济环境较差的城市经济发展的效果要远远好于处于50%与75%分位数的城市。而且宏观经济环境越处于较高水平的城市，经济发展效果越会出现下降的趋势，但整体上设立国家级新区对地区的经济发展依旧是有显著促进作用。总体来说，设立国家级新区可以通过改善宏观经济环境来带动所在城市的地区经济发展。

9.3.4 异质性检验

9.3.4.1 区域异质性

国家级新区承担着中国重大发展和改革战略任务，而国内存在着大城市区域间发展不平衡不充分的现象，政策实施对经济发展的作用或多或少会受到区位条件的影响。具体来说，处于优异区位的城市群具有更广泛可依赖的资源要素，建设成本相对较低，进而收获更高的综合发展水平。因此，本章把大中城市划分为东部地区城市与中西部地区城市两个类别，将区位条件引入基准模型内，分析设立国家级新区是否在推动经济发展中存在明显的区域差异，设定如下估计模型：

$$lngdp_{it} = \beta_0 + \beta_1 did_{it} \times citylocation + \lambda X_{it} + \eta_t + \mu_i + \varepsilon_{it} \qquad (9-4)$$

其中，citylocation是东部地区城市和中西部地区城市的区位条件分类变量，β_1 为区分不同地区设立国家级新区对地区经济发展的效应。当分析批复的国家级新区城市位于东部地区时对地区经济发展的效应，设定 East =1，Mid - West =0；当分析批复的国家级新区城市位于中西部地区时对地区经济发展的效应，设定 Mid - West =1，East =0。具体回归结果如表 9 -6 所示。

表 9 -6　区域异质性检验结果

变量	模型（1）	模型（2）
did × East	-0.0277 （-1.29）	
did ×（Mid - West）		0.0901 *** （3.95）
控制变量	控制	控制
_cons	11.9383 *** （48.31）	11.9141 *** （48.13）
城市固定效应	控制	控制
年份固定效应	控制	控制
N	1173	1173
R^2	0.9911	0.9913

表 9 -6 的回归结果表明，中西部地区城市的国家级新区对地区经济发展有显著的推动作用，而东部地区城市的国家级新区对地区经济发展的作用并不显著，甚至出现了与预期相反的作用。可能的原因是，东部地区本身资源较为丰富，高新技术产业等相对发达，相应经济发展势态稳中有增，设立国家级新区对经济发展的促进反而会因边际作用递减而不显著；反观中西部地区资源匮乏，更需要建设国家级新区来提升经济产业的发展，投入的资源也会收获更明显的带动作用。这个结论对中国未来建设国家级新区城市的选取具有重要的政策启示，利用充足的资源去带动中西部有建设条件城市的经济增长是缩小国内地区间经济发展差异的可选途径，进而可实现区域间的协调与平衡发展。

9.3.4.2　国家级新区面积异质性

由经济学原理可知，最优规模下的经济发展效应最为显著，这需要在发展进程中平衡外部经济与外部不经济。国家级新区的规划建设面积大不相同，过小的面积无法全面带动地区经济发展，过大的面积会因边际递减效应而对经济发展不利。因此，国家级新区的规划建设面积应该有一个合理的范围。在现有的国家级新区中，最小的陆地规划面积为465平方千米，最大的为2451平方千米，各新区陆地规划面积存在较大差异。我们借鉴曹清峰（2020）根据国家级新区规划建设面积将样本进行分组，以500平方千米为基准单位，将全部国家级新区样本分为500平方千米以下、500～1000平方千米、1000～1500平方千米、1500～2000平方千米以及2000平方千米以上5类，运用双重差分方法分组检验国家级新区对经济发展的推动作用。具体回归结果如表9－7所示。

表9－7 规划面积异质性检验结果

变量	模型（1）	模型（2）	模型（3）	模型（4）	模型（5）
	<500平方千米	500～1000平方千米	1000～1500平方千米	1500～2000平方千米	>2000平方千米
did	0.0004 (0.01)	0.0266 (0.60)	0.1702*** (5.24)	0.0871** (2.64)	0.0012 (0.04)
控制变量	控制	控制	控制	控制	控制
_cons	11.8138*** (50.08)	11.7610*** (47.78)	11.8031*** (49.05)	11.6939*** (45.55)	11.8237*** (47.38)
城市固定效应	控制	控制	控制	控制	控制
年份固定效应	控制	控制	控制	控制	控制
N	952	884	867	935	935
R^2	0.9904	0.9908	0.9908	0.9901	0.9912

表9－7的回归结果表明，当建设面积小于1000平方千米时，国家级新区的设立对地区经济发展的推动作用并不显著；当建设面积在1000～2000平方千米时，国家级新区的设立显著地带动了地区的经济发展；而当建设面积超过2000平方千米时，国家级新区的设立对地区经济发展的带动作用再次变得不显著。可以得出结论，国家级新区建设面积应控制在1000～2000平方千米，小于这个区间难以激发国家级新区对地区经济发展的全部推动效应，大于这个区间反而抑制推动效应的发挥，因此在此合理范围内设立国家级新区对经济发

展的带动作用为最优。

9.3.4.3 “单－双”市布点异质性检验

在中国现有的16个国家级新区中，既存在将国家级新区建设在一个城市的“一区一市”的情形，也存在两个城市合作建设国家级新区的“一区两市”情形，比如2016年建设的江西赣江新区就是由南昌和九江两个城市共同承担发展任务的。而且在“双市布点”的国家级新区建设中，理论上存在着趋于集群的集聚效应，实际实施也是以省级政府为主导，通过相关政策协调市级单位间对建立国家级新区的要素分配与规划管理，进而以更有利的分工来推动地区的经济发展。因此，为了考察在“一区一市”和“一区两市”两种不同的布点形式下，建设国家级新区对地区经济发展是否存在异质性，本章将总体国家级新区样本按照布点方式分为两组进行检验。具体回归结果如表9－8所示。

表9－8 新区布局异质性检验结果

变量	模型（1） 单市	模型（2） 双市
did	0.0125 (0.67)	0.1432*** (3.92)
控制变量	控制	控制
_cons	11.9665*** (49.38)	11.7325*** (47.34)
城市固定效应	控制	控制
年份固定效应	控制	控制
N	1088	935
R^2	0.9915	0.9901

从表9－8回归结果可知，设立国家级新区对地区经济发展有促进作用，其中“一区两市”布点情形下的国家级新区推动地区经济发展的效应尤为显著。这种情形下建设的国家级新区，可以发挥省级政府在建设布局、资源管理和城市协调间的积极作用，削减市级单位间因政策范围对地区经济集聚效应的抑制影响。同时对未来建设国家级新区产生了重要的启示作用，可以将布局重

点放在“一区两市”甚至“一区多市”上，充分促进城市与地区间的协同平衡发展。

9.4 结论及政策建议

国家级新区是承担着国家重大发展与改革战略任务的综合功能区。本章利用中国70个大中城市2002~2018年的面板数据，采用多期双重差分方法对国家级新区是否带动了地区经济发展进行验证。得到以下结论：①建设国家级新区对地区经济发展有显著推动作用，使所在城市地区GDP显著增长，实现了国家区域经济增长极的定位；②国家级新区通过改变初始经济环境来加速经济发展，初始条件相对较差的地区在设立国家级新区后，地区经济得到更快的发展与增长；③国家级新区对经济发展的推动存在显著区域差异，在边际效应递减的原理作用下，国家级新区更加促进了中西部欠发达地区的经济发展，进一步改善了区域发展不平衡的现状；④国家级新区的布局与规划大不相同，双市布局加深城市间的联系更利于带动周边地区的经济增长，过大或过小的规划面积会影响经济增长的效果，应该控制在1000~2000平方千米。为了激发国家级新区对地区经济发展的最佳效果，本章提出以下政策建议：

（1）要重视到国家级新区作为经济增长极的作用，继续批复新一批国家级新区的建设来应对当前经济下行趋势。通过分析发现，国家级新区对地区经济发展的推动作用较为可观，而现有国家级新区分布并不均衡，还具有很大的建设空间。国家应该优先选择各城市群中承建条件优越的城市作为新区建设点，将武汉等经济发展较为良好城市的国家级新区建设计划早日提上日程。

（2）给发展提升空间大的国家级新区更多的机会。国家级新区会改变初始经济条件来带动经济发展，同时对中西部欠发达地区的促进作用更显著。在调节区域经济不平衡发展的阶段中，国家应该从整体布局出发，给基础经济环境较差地区的国家级新区更优越的政策条件，如加大人才引进优惠力度、利用补贴激励企业创新创业和应社会需求改革新区管理制度等，在保持总体经济增长势态的同时逐渐缩短区域间经济发展差异。

（3）合理安排国家级新区建设用地，推动城市间的联动布局。国家级新区的合理规划面积应在1000～2000平方千米，过小的面积无法全面集聚经济要素，过大的面积会浪费土地与资源要素，之后国家在建设国家级新区要注意合理科学规划土地面积。同时结合现有一区双市布局更具发展优势与前景，未来国家级新区可以由所在城市群中多个城市联合承建，打破传统的行政边界，通过城市间的协同作用更好地发挥国家级新区对地区经济发展的带动效应。

10　自由贸易试验区的增长效应

自由贸易试验区是“新常态”和新形势下国家深化改革和扩大开放的重大举措，自2013年9月上海自贸试验区成立以来，我国已相继成立了18个自贸试验区，获批的自贸试验区在投资管理体制改革、贸易便利化、金融制度改革、事中事后监管等各个方面不断推出创新和开放新举措，营造了优良的营商环境，逐步释放了经济体制改革的政策红利，充分发挥了改革开放试验田的作用。在国内经济发展方式亟须转变和国内外经济贸易形势出现重大变化的背景下，自贸试验区主动顺应全球经济发展新趋势，主动对接国际投资贸易新规则新要求，主动塑造我国以开放促改革促发展新优势，在推动全方位对外开放新格局、以高水平带动改革全面深化等方面发挥了重要的作用。

党的十九大报告明确提出要赋予自由贸易试验区更大改革自主权，探索建设自由贸易港，这就意味着自贸试验区建设仍是我国当前及未来很长一段时间内深化改革的重要战略任务。作为“改革创新试验田”，自由贸易试验区的设立给试点城市经济发展带来多大的成效？是否产生了显著的“制度红利”效应？客观准确地评估自贸试验区取得的经济效应，对深入开展综合配套改革以及下一阶段自贸试验区建设的经验借鉴具有重要的意义。鉴于此，本章以2015年设立的第二批自由贸易试验区试点省份津闽粤为研究对象，基于PSM－DID的实证分析对自贸试验区设立在试点城市产生的政策外溢效应进行科学评价，并就其作用机制进行分析。

10.1 文献综述

10.1.1 自由贸易试验区政策定性研究

自由贸易试验区设立以来，大量学者对自贸区的制度创新、功能定位等问题进行了定性研究。余颖丰（2013）认为，上海自贸区实行的准入前国民待遇加负面清单管理模式将改变传统的金融监管模式，由事前审批转变为事中、事后监管，明确政府职能边界，释放制度红利。裴长洪（2013）指出，上海自贸区核心任务在于加快转变政府职能、扩大投资领域开放、推进贸易发展转变、深化金融领域的开放创新以及营造相应的监管和税收制度环境。孙元欣（2014）认为，借鉴国外外资准入负面清单管理模式将消除投资行业中的灰色领域，外资准入管理由核准制向备案制加核准制转变，形成透明规范的投资管理体系，进一步简政放权，强化市场机制对经济活动的调节作用。张幼文（2014）认为，自贸区的核心功能为利用对外开放倒逼和促进国内改革，加快政府职能转变，形成一系列可复制、可推广的制度创新经验。

10.1.2 自由贸易试验区政策定量研究

前述研究指出自贸区作为制度创新的试验田，探索与国际接轨的新管理体制，转变政府职能，释放制度红利，为经济增长提供新的驱动力，然而，如何客观定量评价自贸区的经济效应一直是研究难点。项后军、何康（2016）将上海自贸区设立看作一项“准自然实验”，利用合成控制法考察分析了自由贸易试验区对上海资本流动的影响。结果表明，自由贸易试验区对资本流动的影响非常显著，其中对促进对外投资的效果更加明显。谭娜等（2015）基于2005M1—2014M2 省级面板数据，运用反事实分析法评估上海自贸区的经济效应，发现上海自贸区的成立对经济增长的促进作用显著，其中，对工业和进出口的影响更加突出。殷华和高维和（2017）分析了上海自贸区的制度红利效应，发现上海自贸区对 GDP、投资、进口和出口的增长促进效应明显，扩区则进一步扩大了其制度红利效应。

从已有的研究看，主要存在以下不足：首先，在研究内容上，大量现有研究定性分析了自贸区的制度创新、功能定位和经济效应等问题，而与之对应的实证研究则相对匮乏。其次，在研究对象上，少量的实证研究仅分析了上海自贸区的经济效应，然而，天津、福建和广东三个自贸区成立以来，对其实证研究欠缺。同时，现有的研究多停留在省级层面的经济效应，但对地级市自贸区的经济效应检验还比较缺乏，忽略城市内部特征因素对经济效应评估的干扰，可能会导致对自贸区经济增长效应的高估。最后，在研究方法上，侧重于定性分析和描述性数据分析，而没有涉及更科学的双重差分法的使用。因此，与已有研究相比，本章研究可能存在以下创新：①选取津闽粤三大自由贸易试验区作为考察对象。所用的对照组是选取全国 265 个地级市进行匹配，这样可以避免仅将单个个体的研究结论推广到整体所存在的个体特殊性问题。②采用 PSM – DID 分析法对自由贸易试验区的政策红利进行定量分析。倾向得分匹配法解决了对照组的选择性偏差问题，而双重差分法则解决了一般分析方法难以获得净政策效应的问题。③探讨自贸区推动经济增长的作用机制。

10.2 机制分析

自贸试验区设立以来，经济效应逐渐显现，但是其背后的作用机制仍不明晰，新制度经济学认为经济增长的关键是制度创新，以 Solow（1956）为代表的新古典经济学派强调资本流动是经济增长的源泉，以 Romer（1986）和 Lucas（1989）为代表的内生经济增长理论认为技术创新、研发水平等因素也能促进经济增长。我国自贸区主要改革切入点在于降低甚至取消绝大部分商品的关税与非关税壁垒，以及放松要素的准入限制从而促进商品、资本、技术等自由流动。综合自贸区建设，本章主要从以下角度分析自贸区影响城市经济增长的作用机制，如图 10 – 1 所示。

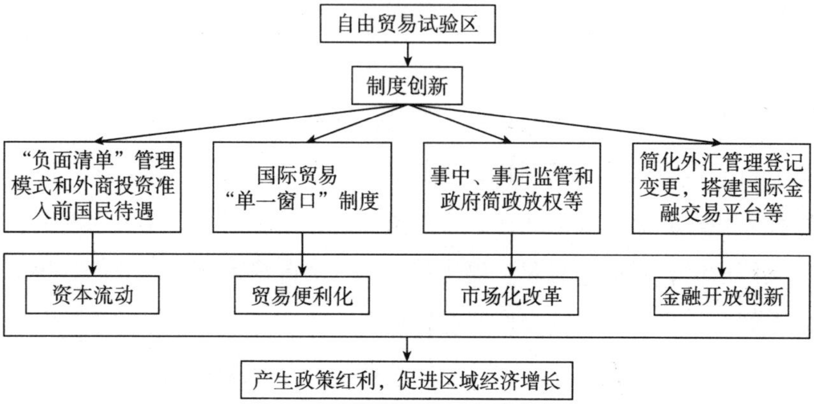

图 10－1　自由贸易试验区机制分析框架

第一，市场化改革促进经济增长。我国长期以来执行以政府行政审批来管理市场的体制，存在着监管效率低下、错位缺位等问题，在一定程度上制约了经济发展。自贸试验区推行的政府职能由事先审批转为事中、事后监管，实现服务机构高效运作，极大地提升了政府办事效率。通过转变政府职能和完善市场体制，激发市场活力与资源配置效率，从而推动经济发展。

第二，深化金融领域开放创新。在控制风险的基础上，让企业可以同时利用国内外资源和市场，享受市场化定价和便利化投资，同时支持外资与合资银行的设立，鼓励相关企业和金融机构的对外开放。另外，自贸区通过自由贸易账户，实现商业银行分账核算业务境外融资创新，提高资金结算效率，节约账户管理成本，增强金融服务能力，促进国际资本平稳有序流动。

第三，提升贸易便利化以促进经济增长。推动贸易便利化进程是设立自贸区的一项基本任务，以制度建设为核心，提高贸易自由度，建立高效的货物进出管理制度。例如，国际贸易"单一窗口"制度，简化了海关操作，降低了企业的通关成本，提高企业通关和监管部门办事的效率。因此，提升贸易便利化水平可以降低贸易成本，进而促进贸易和总体经济增长。

第四，促进资本流动以驱动城市经济增长。自贸区设立通过促进资本流动，驱动城市经济增长。我国自贸区战略是制度导向下的政策创新实践。自贸区实施汇率浮动政策降低了资本管制，提高了国内金融市场的深度和范围，对外商直接投资而言，自贸试验区具有极大的吸引力，使具有投资意愿的外商直接投资主体与投资规模均不断增加，另外，自贸试验区实行外商投资准入前国民待遇和“负面清单”管理模式，提高投资便利化水平，有力吸引了资本流入和促进了资本流动。投资管理制度的创新降低了外资准入门槛，有利于外商的集聚，使区内的企业与国外先进企业联系紧密，提高了国内企业对国外先进技术和管理经验的吸引力，提升了区内企业的生产效率，推动区域经济增长。

10.3 研究设计

10.3.1 样本选择与数据来源

本章以自由贸易试验区为研究对象，收集了全国245个地级市以上城市2009~2016年度数据，来源为《中国城市统计年鉴》，此外还有缺失的数据通过增长率法加以填充。本章样本数据根据以下标准进行筛选。首先，由于自由贸易试验区是从保税区的基础上升级而来，保税区有力地促进了地区经济发展。为排除保税区对自由贸易试验区经济增长效应评估的影响，借鉴张阿城等（2020）的方法，从对照组中剔除了截至2016年仍为保税区的城市，包括南宁、唐山、赣州、淮安、衡阳、南通、湘潭、盐城、芜湖、无锡、济南、沈阳、南京、长春、潍坊、成都、苏州、泰州、北京、重庆、西安、银川、武汉、太原、舟山、贵州、临沂、南阳、郑州、石家庄、乌鲁木齐、蚌埠、金华、江阴、合肥。其次，由于毕节、铜仁、金昌、陇南等城市数据不完整，拉萨数据严重缺失，故剔除这些样本城市。另外，武汉、襄阳、宜昌、成都、舟山等城市2017年设立自贸片区试点，由于设立时间太短，不在本次研究范围内，而上海自贸区设立时间较早，发展较为完善，对于其他地区自贸区建设的经验借鉴意义不大，故本书将这些样本城市剔除。经过筛选，最终获得245个城市2009~2016年1960个样本数据。

10.3.2 模型设定

建立自由贸易试验区可以被看作一项准自然实验，通常使用双重差分 DID 方法对政策效果进行评估，下文以 245 个城市作为样本，将建立自由贸易试验区的地级市作为处理组，而未建立自由贸易试验区的地级市作为控制组；进一步将 2009 ~2016 年全国 245 个城市划分为 4 组子样本，即建立自由贸易试验区之前的处理组，建立自由贸易试验区之后的处理组，建立自由贸易区之前的控制组和建立自由贸易试验区之后的控制组。设置 du 和 dt 两个虚拟变量区别上述 4 个子样本，其中，du =1 代表建立自由贸易试验区的地级市，du =0 代表未建立自由贸易试验区的地级市，dt =0 代表建立自由贸易试验区之前的年份，dt =1 代表建立自由贸易试验区之后的年份。根据上述样本界定，设立以下基本回归模型：

$$Y_{it} = \beta_0 + \beta_1 du_{it} + \beta_2 dt_{it} + \beta_3 dt_{it} du_{it} + \beta_4 Z_{it} + \varepsilon_{it} \quad (10-1)$$

其中，下标 i 和 t 分别代表第 i 个城市和第 t 年，Z 代表一系列控制变量，ε 为随机扰动项，被解释变量 Y 度量了各城市的经济增长，具体指标包括人均 GDP 和实际 GDP 的对数值。

但是，因为中国不同城市发展具有较大的异质性，不同地级市之间很难满足时间效应一致的条件，因此在运用 DID 方法前需要使实验组和控制组省份在各方面特征上尽可能地相似，即使用倾向得分匹配法，目的在于为自由贸易试验区试点城市找到与之相似但并未获批建立自由贸易试验区的城市。本书利用 PSM 法排除建立自由贸易试验区的城市与其他地区经济增长随时间变化的系统性差异，避免样本选择偏差问题，使实验组和控制组更好地满足共同趋势假设，然后将匹配后的实验组和控制组进行 DID 估计，消除变量内生性，最终准确地评估自贸试验区建设对地区经济增长的净影响。

依据上述分析，基于 DID 模型，进一步利用 PSM - DID 方法进行稳健估计，具体步骤为：①利用 PSM 找到与实验组特征最接近的控制组；②利用匹配后的实验组和控制组进行 DID 回归。

10.3.3　变量选取与描述性统计

基于数据的可得性，下文选择 2009～2016 年全国 245 个地级市以上城市的年度数据为研究样本来评价设立自由贸易试验区对区域经济的影响。本书虚拟变量为该城市是否设立自贸试验区，以 2015 年试点城市为实验组，样本内其他非试点城市作为对照组。另外，为了控制其他因素的影响，以下还选取了一系列控制变量。在政策实施前期，政府发挥着重要作用，政府支出与经济增长存在密切关系，同时政府对市场经济活动的过度干预也会造成资源配置的扭曲从而抑制经济增长，因而本文以政府支出比重（gov）度量政府对地区经济增长的影响。投资是推动经济增长的重要动力，外商直接投资（fdi）和固定资产投资水平（far）都会影响地区经济发展。其中，外商直接投资额的初始单位为美元，本书通过各年汇率进行换算。基础设施（infra）的完善可以降低交通成本，甚至产生集聚效应等以促进经济发展。就业（emp）增加可以创造更多的产出，增加消费，推动经济。此外，金融发展水平也是重要控制变量，过高的储蓄（sav）会抑制经济社会投资和消费水平从而影响经济增长。表 10－1 为各变量的描述性统计结果。

表 10－1　主要变量的描述性统计

类型	变量名称	符号	观测值	计算方式	平均值	标准差	最小值	最大值
因变量	城市经济增长	lngdp	1960	GDP 取对数	7.0283	0.8207	4.7659	9.8806
		lnpergdp	1960	人均 GDP 取对数	10.425	0.6515	5.1081	12.281
自变量	自贸区试点	FTZ	1960	建立自贸试验区为 1，否则为 0	0.0061	0.0780	0	1
控制变量	固定资产投资	far	1960	全社会固定投资/GDP	0.7750	0.5281	0.0872	15.9411
	外商直接投资	fdi	1960	外商直接投资/GDP	0.0162	0.0159	0.00001	0.1167
	金融发展水平	sav	1960	年末金融机构存款余额/GDP	1.2381	0.4879	0.2183	3.9353
	政府规模	gov	1960	政府财政支出/GDP	0.1834	0.0847	0.0438	0.6876
	就业水平	emp	1960	就业人员数/年末户籍人口	0.0922	0.1518	0.0036	1.4104
	贸易水平	trade	1960	进出口贸易总额/GDP	0.0276	0.0621	0.00005	1.6063
	基础设施	infra	1960	公路里程/年末户籍人口	0.3351	0.1830	0.0425	1.5418

10.4 实证分析及结果

10.4.1 基准回归

首先运用双重差分（DID）方法来评估建设自由贸易试验区对所在地区经济增长的净效应，回归结果如表 10－2 所示。表 10－2 中，列（1）、列（2）是没有加入控制变量时的估计结果，列（3）、列（4）是加入控制变量之后的回归结果。可以发现，在不加入其他控制变量时，设立自贸试验区对地区经济增长的作用不显著，甚至会降低地区人均 GDP。加入控制变量后，设立自贸区的城市 GDP 增加了 0.2573 个单位，人均 GDP 增加了 0.1737 个单位，且交互项 DID 满足显著性要求，说明这项政策显著推动了地区经济增长。此外，控制变量的回归结果表明，贸易发展、固定投资、基础设施、就业、政府支出都可以显著推动地区增长，但外商直接投资对经济增长并未存在推动作用，过高的储蓄则会阻碍经济增长。

表 10－2　自贸区设立与城市经济增长的 DID 回归结果

解释变量	lngdp	lnpergdp	lngdp	lnpergdp
	(1)	(2)	(3)	(4)
did	0.0746 (0.0778)	－0.0046 (0.077)	0.2573*** (0.1001)	0.1737* (0.1001)
trade			0.2918** (0.1295)	0.2991** (0.1295)
far			0.4296*** (0.0411)	0.3925*** (0.0411)
fdi			－0.7388 (0.8243)	0.1727 (0.8243)
infra			1.4570*** (0.1304)	1.4912*** (0.1304)

续表

解释变量	lngdp	lnpergdp	lngdp	lnpergdp
	(1)	(2)	(3)	(4)
emp			0.7532*** (0.1093)	0.6738*** (0.1093)
gov			1.5287*** (0.2125)	1.4568*** (0.2125)
sav			-0.3926*** (0.0561)	-0.3353*** (0.0561)
_cons	6.9448*** (0.006)	10.3454*** (0.006)	6.2863*** (0.0675)	9.6296*** (0.0675)
N	1960	1960	1741	1741
R^2	0.3110	0.2951	0.4271	0.4054

注：*、**、***分别表示在10%、5%、1%的水平上显著，括号内表示的是标准误，如无特别说明，以下各表均同。

10.4.2 稳健性检验

10.4.2.1 平行趋势检验

平行趋势是DID模型运用的重要假设前提，为了深入检验回归结果的稳健性，需要通过改变自贸试验区设立时间进行平行趋势检验，目的是检验处理组和控制组在自贸试验区批准建设前是否具有共同的变化趋势。为检验平行趋势假设，在表10-3第（1）、第（2）、第（3）列中分别加入表示处理组自贸区试点前一年、前两年和前三年的虚拟变量pre_1、pre_2和pre_3。若政策试点前的实验组和时期分组交互项都不显著，则说明政策实施前处理组与控制组没有显著差异。结果表明：pre_1、pre_2和pre_3的估计结果不满足显著性要求，处理组与对照组在自贸区试点前具有共同的变化趋势，自贸区对城市经济增长的影响不会提前出现，因此，共同趋势假设得到证实，本书所选择的对照组具有对照价值。

表 10 - 3 平行趋势假设检验

变量	符号	城市经济增长（lngdp）		
		(1)	(2)	(3)
政策执行前一年	pre_1	0.0876 (0.1372)		
政策执行前两年	pre_2		0.0759 (0.0991)	
政策执行前三年	pre_3			0.0806 (0.0986)
贸易水平	trade	0.3445** (0.1381)	0.3415** (0.1382)	0.3431** (0.1381)
固定资产投资	far	0.5937*** (0.0422)	0.5941*** (0.0421)	0.5939*** (0.0422)
外商直接投资	fdi	-2.2734*** (0.8774)	-2.2619*** (0.8774)	-2.2541*** (0.8776)
基础设施建设	infra	1.6886*** (0.1380)	1.6896*** (0.1380)	1.6871*** (0.1380)
就业水平	emp	0.8813*** (0.1175)	0.8785*** (0.1176)	0.8911*** (0.1168)
政府规模	gov	1.7113*** (0.2273)	1.7134*** (0.2273)	1.7097*** (0.2274)
金融发展水平	sav	-0.0554 (0.0551)	-0.0573 (0.0550)	-0.0553 (0.0551)
地区固定效应	year effect	是	是	是
时间固定效应	time effect	是	是	是
常数项	Cons	5.7096*** (0.0595)	5.7110*** (0.0594)	5.7090*** (0.0595)
样本量	N	1741	1741	1741
拟合优度	R^2	0.3403	0.3404	0.3404

10.4.2.2 PSM - DID 适用性检验

倾向得分匹配法的可靠性取决于样本的“独立性条件”是否被满足，即要求匹配后的实验组与控制组城市在设立自贸区前相关变量不存在显著性差异。因此，在 PSM - DID 实证检验之前，本书首先运用核匹配（Kernel Matching）进行倾向得分匹配，表 10 - 4 显示了样本匹配前后协变量标准化偏差 t 检验结果，均通过了双侧 t 检验（p > 0.1），再次证实实验组和控制组之间不存在显著性差异。同时，所有变量的标准型偏差在匹配后的绝对值都小于 20，故匹配结果可靠。

表 10 - 4 核匹配法倾向得分匹配平衡性检验

变量	分组	均值		标准偏误（%）	t 检验	
		实验组	控制组		t	P > t
trade	匹配前	0.20268	0.02344	190.6	18.89	0.000
	匹配后	0.11808	0.08072	19.7	2.00	0.460
far	匹配前	0.4421	0.75477	-138.7	-7.83	0.000
	匹配后	0.51272	0.55037	-16.7	-0.67	0.509
fdi	匹配前	0.03904	0.01577	128.1	9.22	0.000
	匹配后	0.03824	0.03498	17.9	0.38	0.703
infra	匹配前	0.11329	0.33698	-171.4	-7.72	0.000
	匹配后	0.12973	0.1202	7.3	0.83	0.409
emp	匹配前	0.55014	0.08054	173.7	20.85	0.000
	匹配后	0.32564	0.23528	13.4	1.47	0.149
gov	匹配前	0.12968	0.18312	-82.3	-3.92	0.000
	匹配后	0.11862	0.11209	10.1	0.69	0.494
sav	匹配前	2.1455	1.1817	-82.3	13.57	0.000
	匹配后	2.0213	1.9741	11.7	0.25	0.807

10.4.2.3 安慰剂检验

采用双重差分法进行政策效果评估前面临的一个问题是我们观察到的这些“政策效应”有可能并不是因为实行了这些政策而产生的。因此，所考察的 GDP 变量的变化极有可能是由于其他原因导致。为排除这种情况带来的干扰，将政策执行时间提前三年进行反事实检验。在这种情况下，我们仍需观察核心解释变量 FTZ 的系数变化。如果该系数仍然同先前的回归结果一致，则表明本章所得到的“政策效应”确实是自由贸易试验区所致。根据这一思路，对政策效应方程进行回归。由检验结果表 10 – 5 可知，所有 FTZ 的系数均不显著，表明所研究的“政策效应”确实来自自由贸易试验区的设立。

表 10 – 5　安慰剂检验

变量	符号	城市经济增长		
		(1)	(2)	(3)
提前一年试点	pre1_treated	0.1578 (0.0828)		
提前两年试点	Pre2_treated		0.0632 (0.0604)	
提前三年试点	Pre3_treated			-0.0023 (0.0502)
控制变量	control	是	是	是
时间固定	year effect	是	是	是
城市固定	city effect	是	是	是
样本量	N	1741	1741	1741
拟合优度	R^2	0.5059	0.6133	0.7036

10.4.2.4　平衡性检验

由于自贸试验区在设立时选择的城市并不是随机的，为了减少选择性偏误，本书先采取倾向得分匹配法对自贸试验区城市进行匹配，而后结合双重差分模型进行再次回归，以此来进行稳健性检验。以下采用核匹配法进行倾向得分匹配，筛选出与实行自贸试验区政策的城市配对的对照组。如果匹配后的处理组和对照组的被解释变量的变量均值不存在显著差异，那么说明数据匹配效果较好，可以进行后续的实证步骤。表 10 – 6 报告了匹配后被解释变量均值不存在显著差异，数据平衡性较好，可以进行再次回归。回归结果如表 10 – 7 所示。

表 10 – 6　样本匹配前后的平衡性检验

	政策前控制组	政策前处理组	政策前控制组与处理组的差分	政策后控制组	政策后处理组	政策后处理组与控制组差分	双重差分检验结果
gdp	7.326	8.844	-0.150	8.610	9.118	0.509	-1.010

续表

	政策前控制组	政策前处理组	政策前控制组与处理组的差分	政策后控制组	政策后处理组	政策后处理组与控制组差分	双重差分检验结果
标准误			0.247			1.241	1.265
t 值			6.15			0.41	0.80
P 值			0.000***			0.684	0.428

10.4.2.5 PSM－DID 检验

本章前文报告了自贸试验区设立与城市经济增长的双重差分回归结果，并且控制了时间固定效应和城市固定效应，但这一结果并不稳健，主要基于以下考虑：政府在批设自贸试验区的决策中可能存在挑选赢家行为，即相比于未设立自贸试验区的地区，设立自贸试验区的地区在设立前可能就已经具备更好的经济发展潜力或者优势，这会导致自贸试验区对经济增长的促进效应被高估。因此，本书进一步采用倾向得分匹配和双重差分法（PSM－DID）进行稳健性检验，最大限度地让对照组与实验组具有同样的变化趋势。运用 PSM－DID 方法时，通过 FTZ 对控制变量进行 Logit 回归，获得倾向得分，再将匹配后的城市作为控制组，将实验组和控制组进行 DID 回归，回归结果如表 10－7 所示。结果显示，经过倾向得分匹配之后损失了部分样本，样本量减少至 273 个。但回归结果证明，基于 PSM－DID 方法检验，设立自贸试验区对地区 GDP、人均 GDP 的影响仍显著为正。这就意味着，在解决了自贸试验区城市和对照组城市选择性偏差问题之后，由双重差分模型得到的结论依然成立。因此，PSM－DID 的检验结果与上文 DID 回归结果基本一致，进一步说明了 DID 模型得到的实证结果是可靠的。

表 10－7 自贸区设立与城市经济增长的 PSM－DID 回归结果

解释变量	lngdp	lnpergdp	lngdp	lnpergdp
	(1)	(2)	(3)	(4)
did	0.2129*** (0.0792)	0.1311*** (0.0699)	0.6322*** (0.1256)	0.4010*** (0.0984)

续表

解释变量	lngdp	lnpergdp	lngdp	lnpergdp
	(1)	(2)	(3)	(4)
trade			-2.7515 (2.0723)	-4.5602*** (1.6239)
far			0.5413* (0.3029)	0.4701* (0.2373)
fdi			-4.6817* (2.3283)	-0.1696 (1.8244)
infra			-4.8529** (2.135)	-3.6986* (1.6729)
emp			1.0864*** (0.2690)	0.6372*** (0.2108)
gov			10.3544*** (2.4493)	8.2819*** (1.9192)
sav			-1.0423*** (0.2530)	-0.6381*** (0.1982)
_cons	6.9894*** (0.0939)	10.4538*** (0.0751)	9.4730*** (0.7270)	11.8328*** (0.5696)
N	273	273	273	273
R^2	0.2717	0.2551	0.8718	0.8533

10.4.3 机制检验

从上文的各类检验结果可以发现，设立自由贸易试验区推动地区经济增长，为了考察经济增长的背后驱动因素，下文进一步进行机制检验，表10-8显示了设立自贸试验区对各个控制变量的影响。

表10-8 设立自贸区影响经济增长的机制检验

解释变量	trade	far	fdi	infra	emp	gov	sav
did	0.053*** (0.013)	-0.1685 (0.1507)	0.0035 (0.0026)	0.040** (0.0201)	0.0407*** (0.0157)	0.0076** (0.0097)	0.1070 (0.1545)

续表

解释变量	trade	far	fdi	infra	emp	gov	sav
_cons	0.0275*** (0.0015)	0.7226*** (0.0116)	0.0169*** (0.0002)	0.3283*** (0.0011)	0.0884*** (0.0012)	0.1750*** (0.0008)	1.1818*** (0.0037)
N	1960	1960	1960	1960	1960	1960	1960
R^2	0.2529	0.0459	0.0207	0.0996	0.2131	0.2296	0.3517

表10-8中，交互项为本书重点观察对象，其代表了自由贸易试验区设立对各大经济增长驱动要素的净影响。结果显示，“外资占GDP比重”和“社会固定投资占GDP比重”的系数并不显著，也就是说自由贸易试验区的建立并未给地区实际利用外资水平和固定投资水平带来明显的促进作用，推动投资自由化是建立自由贸易试验区的一项重要任务，也是未来我国应对全球经济规则变化的必然举措。自由贸易试验区自成立开始就积极开展有关投资领域的制度创新，而这一结果表明，创新制度以调动外资积极性的道路任重而道远。“进出口贸易”系数显著为正，说明自由贸易试验区推行的体制改革有助于降低中间产品进口关税，简化通关流程，降低贸易成本，促进进出口贸易，推动经济增长。“政府支出”系数显著为正，反映了自贸试验区的设立加大了政府支出力度，自贸试验区推行的制度改革包括财税改革，金融体制改革都需要政府财政的大力支持，政府配置资源的范围仍然过大，干预过多，因此需要进一步制度创新来协调政府与市场的关系。

10.5 结论及政策建议

本章基于PSM-DID方法对自贸试验区设立的经济影响进行了实证检验，研究表明，我国自贸试验区的设立确实对地区经济发展具有正向促进作用。事实上，我国自贸试验区的核心在于突出制度创新及体系完善，以形成成熟的制度体系并与国际前沿经济制度接轨，进而促进我国经济的稳步增长以及高质量发展，但是由于部分地区存在区位上的弱势，并且一味地借鉴已成功的自贸试验区案例、僵硬地直接套用其他经济发达地区的经济发展模式，并不会有效地促进所有自贸试验区的经济增长。因此，为实现未来在我国更好地推广自贸试验区政策，以促进地区经济的持续增长，本章从以下角度提出了相应的政策建议：

首先，转变政府职能。总体而言，我国政府直接配置资源的范围仍然过大，对微观经济主体的干预过多而公共服务的供给不足。因此，需要通过制度创新来约束政府权力和规范政府行为，强化市场在资源配置中的作用。进一步简政放权，按照价值规律、供求规律和竞争规律制定完备的市场规则。由企业创新行为去拓展市场，而不是依靠行政指令去营造激励企业的环境。

其次，提升贸易便利化，扩大对外开放。当前各自贸试验区在物流运作、贸易通关、货物监管等贸易便利化发展方面都进行了不同形式的制度创新，但仍存在改进的可能。现阶段，自由贸易试验区的贸易便利化水平提升主要体现在通关流程及手续的简化和现代化手段的应用方面，较少涉及贸易透明度和通关税费等方面的改革，与世界范围内其他自由贸易园区相比没有明显优势。在未来建设中，各自由贸易试验区可根据所在地的优势和特色，对贸易便利化措施进行更深层次的创新。

最后，自贸试验区投资开放和金融开放并未产生明显的资本流入效应，但是自贸试验区的各项体制创新措施在长期一定会吸引投资，促进资本流动。当前自贸试验区仍应重视外商投资管理体制改革、利率市场化和人民币资本项目可兑换改革，推动发展离岸金融业务、构建全球性资金管理中心和国际大宗商品交易和配置平台等，优化市场营商环境，吸引优质投资，同时加强市场监管和资本异常流动的监测和预警，防范资本流动的波动性风险，吸引国际和国内资本流入，提升资本配置效率。

11　融资约束、企业创新与产业升级

——基于研发操纵行为视角的实证分析

自中国经济发展进入新常态时期以来，转变经济增长方式、推动产业结构转型升级成为党和人民新的工作重心，各产业发展不平衡、不充分带来的产业结构不合理、产业结构低端化等产业问题逐渐显露出来。在产业结构由低端化向产业结构高级化转变的过程中，企业创新是推动产业结构转型升级的核心内在动力，党的十八大和十九大始终坚持将科技创新摆在优先发展的战略地位和核心位置。然而由于企业创新具有投入金额大、产出不确定等特征，企业创新决策常常受到企业资金能力以及企业融资能力的约束，与此同时，由于我国资本市场发展不完善、金融体系不完全，企业在进行创新决策时受到的融资约束更为明显。根据 Wind 数据库的统计，2012～2019 年，在 1891 家上市企业中，有 26.76% 的企业面临不同程度的融资约束，由此可见，融资约束、企业创新与产业结构升级之间存在着某种内在关联，而以往的研究大多数是探讨它们两两之间的关系，鲜少有文献将三者纳入同一框架进行讨论。那么在同一框架内融资约束、企业创新与产业升级之间的内在关联如何？它们之间是如何相互影响的？针对这些问题的探讨，对在当前新常态环境下，如何实现产业结构优化升级，促进产业结构合理化及高级化具有一定的现实意义。

11.1　文献综述

近年来，大量学者对融资约束、企业创新、产业升级展开了一系列研究，研究内容主要体现在以下三个方面：第一，融资约束对企业创新的影响；第二，企业创新对产业结构优化升级的影响；第三，融资约束对产业结构优化升级的影响。

11.1.1 融资约束对企业创新的影响

余明桂、钟慧洁和范蕊（2019）通过研究国有企业民营化对企业创新的影响及影响机制发现，融资约束是抑制国有企业民营化创新的重要因素。刘志雄（2020）、张璇（2019）、范海峰（2020）等分别从公司和管理层控股情况、银行业竞争等多个维度探讨了融资约束对企业创新能力的影响，发现融资约束对企业创新能力产生了显著的负向影响。

11.1.2 企业创新对产业结构优化升级的影响

就目前来说，现有研究主要从企业创新中的技术创新对产业结构的影响及其传导机制来研究技术创新与产业之间的关系，得出的结论较为一致。范德成等（2020）基于 PAVR 模型对自主创新、合作创新、产业结构合理化及高级化之间的关系进行实证研究后发现自主创新和合作创新对产业结构合理化和高级化具有促进作用。包则庆等（2020）运用 2003 ~ 2018 年中国省际面板数据，揭示了技术创新、工资增长、产业结构升级之间相互促进的动态影响关系。

11.1.3 融资约束对产业结构优化升级的影响

刘晴等（2020）通过构建企业面临融资约束的垄断竞争模型，发现融资约束能够显著抑制产业优化升级特别是对外贸易产业转型升级。杨源源、于津平和杨栋旭（2018）根据 DEA—Malmquist 非参数方法对战略性新兴产业的发展成效进行了测算，认为融资约束、固定资产过快扩张是造成战略性新兴产业结构低端化的重要原因。

综上所述，已有研究针对融资约束、企业创新、产业升级之间的关系进行了广泛探讨，提出了不同的观点，得出了不同的结论，但采用企业研发操纵行为视角的文献不多，在极少数文献中，大部分学者是对容易发生研发操纵的企业类型和地区异质性进行考察。万源星和许永斌（2019）从“达标型”和“避税型”这一新视角研究发现，达标型研发操纵集中在高新初审阶段，避税型研发操纵集中在高新复审阶段，且企业销售收入对达标型研发操纵和避税型研发操纵均有显著性影响。杨国超等（2017）通过研究不同企业的研发操纵行为发现，研发操纵现象在民营企业、盈利企业以及位于税收征管力度较弱的地区中较为集中。从现有的研究成果看，仍存在以下扩展之处：第一，融资约束、企业创新、产业升级之间的相互影响关系；第二，综合考虑衡量微观企业融资约束水平和企业创新能力的代理变量；第三，研发操纵对企业创新活动的影响。因此，本章的边际贡献在于：①基于沪深全部 A 股上市企业 2012 ~ 2019 年的财务数据，运用中介效应模型将融资约束、企业创新与产业升级这三个研究变量纳入同一研究框架，揭示了这三者之间的关系；②运用 CES 效用函数分别从内部和外部两个方面衡量了企业受到的融资约束，为研究融资约束对产业升级的影响和传导机制奠定了基础；③基于研发操纵这一新视角，揭示了企业中的研发操纵行为对企业创新活动的影响；④本章关于融资约束、企业创新与产业升级的研究丰富了企业微观问题的研究。

11.2　融资约束、企业创新与产业升级的内在作用机理

11.2.1　融资约束对企业创新的影响

根据 Gorodnichenko 和 Monika（2013）的研究思路，假设在垄断竞争市场上消费者从不同的商品中获取的效用符合 CES 效用函数形式：

$$U = \left[\int_{\omega\in\Omega}(x(\omega))^{\frac{\sigma-1}{\sigma}}dw\right]^{\frac{\sigma}{\sigma-1}} \tag{11-1}$$

其中，U 表示消费者从不同商品中获取的总效用，Ω 表示所有商品 ω 的集合，x 表示的是消费者对商品 ω 的需求函数，σ 表示商品的替代弹性（$\sigma>1$）。将式（11 - 1）稍做变动，可以把消费者从商品中获取效用的问题表

示为：

$$\max\left(\sum_{i=1}^{i=N} x_i^{\rho}\right)^{\frac{1}{\rho}} \tag{11-2}$$

其中，将 ρ 定义为$\frac{\sigma-1}{\sigma}$，x_i表示的是消费者对商品 i 的需求，而消费者面临的预算约束为：

$$s.t. \sum_{i=1}^{i=N} p_i x_i = E \tag{11-3}$$

其中，p_i表示商品 i 的价格，E 表示消费者消费多样化商品的总支出。基于消费者效用最大化对式（11－2）、式（11－3）求解可以得到消费者对商品的需求函数：

$$x(\omega) = \frac{p(\omega)^{-\sigma}}{P^{1-\sigma}}E \tag{11-4}$$

其中，p 和 P 分别表示商品价格和价格指数，E 表示消费者对多样化商品的总支出，假设在垄断竞争市场中，每家企业都以不变的边际成本 c 生产产品，且企业进行研发的固定成本为 F，则企业获得的利润为$\pi_i = (p_i - c)x_i - F$，基于企业利润最大化原则对企业获得的利润求拉格朗日极值得到企业生产商品的最优价格：

$$p = \frac{c\sigma}{\sigma-1} \tag{11-5}$$

根据企业获取资金渠道的不同，可以将企业融资渠道分为内部融资和外部融资，若 i＝0，企业仅进行内部融资获取的利润就为$\pi_0 = E\left(\frac{p_0}{P}\right)^{1-\sigma} \Big/ \sigma$，假设企业由于市场信息不对称导致企业从外部获取资金的边际成本上升至 μc，此时企业面临的最优价格为$p_1 = \frac{\mu c\sigma}{\sigma-1} = \mu p_0$，企业获取的利润为$\pi_1 = \mu^{1-\sigma}\pi_0$，但随着企业研发活动的开展，企业生产商品的边际成本从 μc 下降到 ac，此时企业面临的最优价格为$p_2 = \frac{ac\sigma}{\sigma-1} = ap_0$，企业获取的利润为$\pi_2 = a^{\sigma-1}\pi_0$，$\pi_3 = (a\mu)^{1-\sigma}\pi_0$，则企业创新前后的利润差为$\Delta\pi = \pi_3 - \pi_1 = (a\mu)^{1-\sigma}\pi_0 - \mu^{1-\sigma}\pi_0$，对 μ 求偏导得出：

$$\frac{\alpha(\Delta\pi)}{\alpha\mu}=[\mu^{-\sigma}(1-\sigma)(a^{1-\sigma}-1)]\pi_0<0 \quad (11-6)$$

从式（11－6）可以看出，企业创新前后的利润差随着 μ 的增大而减小，即两者之间的关系呈负相关关系。这说明融资成本越高，企业所受到的外部融资约束越强，企业创新前后的利润差越小，越会抑制企业的创新决策。

11.2.2 内部融资约束对企业创新的影响

假设企业在垄断竞争市场上利用内部融资进行创新的可能性为q_1，利用外部融资进行创新的可能性为q_2，且$q_1+q_2=1$，企业由于受到外部环境的影响而对内部资金产生冲击的概率为q_3，则企业在未进行创新前产生的期望利润为：

$$E(\pi_4)=(q_1-q_3)\pi_0+(1-q_1+q_3)\pi_1 \quad (11-7)$$

基于“融资优序”理论，企业将遵循内部融资、债务融资、股权融资的顺序来筹集资金，因此企业首先利用内部融资进行创新活动。然而，随着创新活动的逐渐深入，内部融资满足创新活动的资金需求概率下降到q_4，此时企业在进行创新活动后产生的期望利润为：

$$E(\pi_5)=(q_1-q_3-q_4)\pi_2+(1-q_1+q_3+q_4)\pi_3-F \quad (11-8)$$

将式(11－8)减去式(11－7)可以得出：$\Delta\pi'=(q_1-q_3-q_4)\pi_2+(1-q_1+q_3+q_4)\pi_3-F-(q_1-q_3)\pi_0-(1-q_1+q_3)\pi_1$，对$q_3$求偏导后可以得出：

$$\frac{\alpha(\Delta\pi')}{\alpha q_3}=-(\pi_2-\pi_0)+(\pi_3-\pi_1)<0 \quad (11-9)$$

从式（11－9）可以看出，企业进行创新活动后产生期望利润差随着q_3的增大而减小，即两者之间存在负相关关系。说明企业受到的内部资金流冲击越大，企业所受到的内部融资约束越大，企业创新前后的期望利润差越小，越会抑制企业的创新决策。

11.2.3 企业创新对产业升级的影响

企业创新活动中最常见的就是技术创新，技术创新主要是通过影响供给和需求这两个方面来影响产业投入状况及资源配置效率和产出转换率进而推动产业结构优化升级的。从供给方面来看，技术创新促进了劳动分工，提高了企业的劳动生产率，进而促进了产业结构优化升级。与此同时，企业进行技术创新使不同行业的劳动生产率出现较大差异，劳动生产率高的企业会获得更大的利润，劳动生产率低的企业获得的利润较少，这种利润差异使生产要素流向利润更高的行业，而利润低的行业则慢慢衰退，进而促进产业结构的优化升级。从需求方面来看，企业进行技术创新会影响厂商的生产需求、费者的消费需求以及出口，通过需求结构的变动促进产业结构的优化升级（范德成、方璘和宋志龙，2020）。包则庆和林继杨（2020）基于产业结构发展周期视角认为与技术创新相伴而来的是产品创新和工艺创新，并且随着产品和工艺的迅速发展，产业也会迅速发展甚至更新换代。与此同时，由于产业具有前后向联系，技术创新带来的产业快速发展会使产业间的内在关联产生扩散效应和外溢效应，进而使产业呈现出多元化发展趋势。除此之外，企业进行技术创新使技术取得新的突破时，如果该项新技术能够引领未来的经济发展趋势，那么新技术产生的新兴产业会逐步替代原来的衰退产业成为国民经济的主导产业，进而促进产业结构优化升级。

11.3 研究设计

11.3.1 样本选择与数据来源

本章选择沪深交易所上市的全部 A 股上市企业的财务数据为研究样本，以 2012 ~ 2019 年为研究时间区间，剔除金融类、ST 类以及 PT 类上市企业，同时剔除资产为零和股东权益小于零以及主要研究变量缺失的企业，最终得到的研究样本共有 1891 家企业，共 15128 个观测值。样本企业的财务数据来自 Wind 数据库和国泰安数据库，研究所使用的计量软件为 Stata。为了消除极端值的影响，本书针对连续变量的 1% 和 99% 进行 Winsorize 缩尾处理，以下描述统计和实证结果均属于缩尾处理后的结果。

11.3.2 模型设定与主要指标的度量

11.3.2.1 模型设定

为了检验融资约束对产业升级的影响，以下设定如式（11－10）所示的基准回归模型：

$$tfp_{it} = \alpha_0 + \alpha_1 x_{it} + \alpha_2 age_{it} + \alpha_3 size_{it} + \alpha_4 labor_{it} + \alpha_5 roa_{it} + \alpha_6 adm_{it} + \alpha_7 gdp_{it} + \alpha_8 educ_{it} + \alpha_9 open_{it} + \theta_i + \mu_t + \varepsilon_{it} \quad (11-10)$$

式（11－10）考察的是融资约束对产业升级影响的总效应。在式（11－10）中，tfp 衡量的是产业升级的指标，用企业全要素生产率来表示，x 表示企业外部融资约束（ofc）和内部融资约束（ifc），age 表示企业年龄，size 表示企业规模，labor 表示企业劳动力规模，roa 表示企业总资产报酬率，adm 表示企业管理费用率，gdp 表示企业所在省份的经济发展水平，educ 表示地区的教育水平，open 表示地区的对外开放程度，θ 表示企业个体效应，μ 表示时间效应，ε 为随机扰动的误差项。

为了进一步揭示融资约束、企业创新与产业升级之间的关系，本章采用 Baron 和 Kenny（1986）等推荐的中介检验程序，运用因果逐步回归法对相关关系进行研究。具体检验过程分为三步：第一步，以企业全要素生产率（tfp）作为被解释变量，以企业外部融资约束（ofc）和内部融资约束（ifc）作为解释变量，考察融资约束对产业升级的影响；第二步，以企业创新（R&D）作为被解释变量，企业外部融资约束（ofc）和内部融资约束（ifc）作为解释变量，考察融资约束对企业创新活动的影响；第三步，以企业全要素生产率（tfp）作为被解释变量，以企业外部融资约束（ofc）、内部融资约束（ifc）和企业创新（R&D）作为解释变量，考察融资约束对产业升级的影响，根据上述研究思路，设定如式（11－11）至式（11－13）所示的中介效应模型（James，1986）。

$$tfp_{it} = \beta_0 + \beta_1 r\&d_{it} + \beta_2 age_{it} + \beta_3 size_{it} + \beta_4 labor_{it} + \beta_5 roa_{it} + \beta_6 adm_{it} + \beta_7 gdp_{it} + \beta_8 educ_{it} + \beta_9 open_{it} + \theta_i + \mu_t + \varepsilon_{it} \quad (11-11)$$

$$r\&d = \varphi_0 + \varphi_1 x_{it} + \varphi_2 age_{it} + \varphi_3 size_{it} + \varphi_4 labor_{it} + \varphi_5 roa_{it} + \varphi_6 adm_{it} +$$

$$\varphi_7 gdp_{it} + \varphi_8 educ_{it} + \varphi_9 open_{it} + \theta_i + \mu_t + \varepsilon_{it} \quad (11-12)$$

$$tfp_{it} = \gamma_0 + \gamma_1 x_{it} + \gamma_2 r\&d_{it} + \gamma_3 age_{it} + \gamma_4 size_{it} + \gamma_5 labor_{it} + \gamma_6 roa_{it} + \gamma_7 adm_{it} + \gamma_8 gdp_{it} + \gamma_9 educ_{it} + \gamma_{10} open_{it} + \theta_i + \mu_t + \varepsilon_{it} \quad (11-13)$$

式（11－11）考察的是企业创新对产业升级的影响，用系数β_1来表示。式（11－12）考察的是融资约束对企业创新的影响，其间接效应用系数φ_1来表示，其中，R&D是一个中介变量，衡量的是企业创新，用企业研发费用占营业收入的比重来表示。式（11－13）考察的是融资约束是否通过影响企业创新来对产业升级产生影响，其中直接效应用γ_1来表示。

11.3.2.2　主要指标的度量

被解释变量（tfp）：本书考察的是融资约束对产业升级的影响，而产业升级用企业全要素生产率来衡量（蔡方、王德文和曲玥，2009）。根据柯布－道格拉斯生产函数，企业的产出是由劳动力、资本、技术进步和中间投入决定的，如式（11－14）所示。

$$Y = F(A, K, L, I) \quad (11-14)$$

其中，Y表示产出水平，A表示技术进步，L表示劳动力投入，K表示资本存量，I表示中间投入。根据全要素生产率理论，可以将产出增长率分解为资本、劳动以及中间投入的要素积累变化和技术进步这两个方面，如式（11－15）所示。

$$g_Y = g_A + \alpha g_K + \beta g_L + \gamma g_I \quad (11-15)$$

其中，g_Y表示产出增长率，g_K表示资本增长率，g_L表示劳动增长率，g_I表示中间投入增长率，因此全要素生产率即技术进步率表示如式（11－16）所示。

$$tfp = g_A = g_Y - \alpha g_K - \beta g_L - \gamma g_I \quad (11-16)$$

使用OLS、OP、LP三种方法可以估算企业的全要素生产率。其中，OLS估计法计算全要素生产率是指对式（11－15）进行回归，这种方法虽然简单，但却会产生下面两个问题：①同时性偏差。由于企业的生产效率在当期就可以被观测到，因此企业会根据当期的生产效率调整生产要素投入比例，即企业全要素生产率会对生产要素投入比例产生反向内生性，进而使结果造成偏差。

②样本选择性偏差。通常来说，在垄断竞争市场上，生产效率低的企业会被淘汰，而仅仅对存活下来的企业的生产率进行估算则会导致企业全要素生产率被过高估计。OP 法对企业全要素生产率的估算分为以下两步来进行：①估计劳动力在企业生产函数中的比重，得出 OLS 拟合残差。②将 OLS 拟合残差作为因变量，资本投入作为自变量估计资本投入的系数。在此基础上，引入 Probit 模型估算企业生存概率，并将其作为自变量放入回归中，结合第一步估计的劳动投入系数和第二步估计的资本投入系数，运用式（11－16）计算企业全要素生产率。然而 OP 法在数据缺失较多的情况下得出的结果是有偏差的，而 LP 法能够更好地克服 OLS 法估计索洛余值中产生的内生性问题。LP 法将中间投入引入计算企业全要素生产率的第二步，估计劳动力投入和中间投入的系数，再运用式（11－16）计算得出企业的全要素生产率，这样可以极大程度地避免样本量的损失，因此本书采取 LP 法来估算企业的全要素生产率。

核心解释变量：本书的核心解释变量是企业外部融资约束（ofc）、企业内部融资约束（ifc）和企业创新（R&D），其中企业外部融资约束（ofc）用利息支出与营业收入的比值来表示，企业内部融资约束（ifc）用经营活动产生的现金流量金额与总资产的比值来表示，企业创新（R&D）用研发费用占营业收入的比重来表示。

控制变量：为了排除其他因素对产业升级的影响，本书从基础条件、原始特性和财务状况三个方面选取了控制变量。基础条件指标包括企业规模（size）和劳动力规模（labor），企业规模（size）用企业总资产的自然对数值来表示，劳动力规模（labor）用企业员工总数的自然对数值来表示。原始特性指标指企业年龄（age），与祝树金和汤超（2020）的测算方法一致，用样本观测年份与企业成立年份差值的自然对数值来表示。财务状况指标包括企业绩效（roa）和企业管理费用率（adm），其中企业绩效用企业利润总额与企业年末总资产的比值来表示，企业管理费用率用企业年末管理费用与营业收入的比值来表示。除了控制微观层面的变量之外，本书还控制了宏观层面的变量。地区经济发展水平（gdp）用地区生产总值的自然对数值来表示，地区对外开放程度（open）用进出口总额占 gdp 的比重来表示，地区教育水平用（educ）

用普通高等学校教职工数的自然对数值来表示。

11.3.2.3 变量的描述性统计

本章变量的描述性统计如表 11－1 所示。

表 11－1 变量的描述性统计

变量名称	变量含义	均值	标准差	最小值	最大值
tfp	企业全要素生产率	16.5562	1.0151	14.5994	19.4715
R&D	企业研发费用/企业营业收入	0.0459	0.0429	0.0004	0.2514
ofc	企业利息支出/企业营业收入	0.0221	0.0294	0.0000	0.1707
ifc	企业经营活动产生的现金流量净额/企业年末总资产	0.0542	0.0767	－0.1325	0.3794
age	样本观测年份与企业成立年份差值的自然对数值	7.4898	0.7144	3.0445	7.6104
size	企业年末总资产的自然对数值	22.0515	1.2944	19.5362	26.0982
labor	企业员工总数的自然对数值	7.7483	1.2107	5.3033	11.1826
roa	企业利润总额/企业年末总资产	0.0522	0.0674	－0.2183	0.2577
adm	企业年末管理费用/企业营业收入	0.1002	0.0707	0.0113	0.4208
gdp	地区生产总值的自然对数值	10.5019	0.6547	8.4035	11.5868
open	进出口总额占 GDP 的比重	0.5094	0.3682	0.0445	1.4380
educ	普通高等学校教职工数的自然对数值	11.5534	0.4484	9.5992	12.0738

11.4 实证分析

11.4.1 产业政策实施有效性分析

本章首先考察了融资约束对产业升级影响的总效应。为了使检验结果稳健可靠，本书同时运用固定效应模型、随机效应模型和混合回归模型对式（11－10）进行了回归，回归结果如表 11－2 所示。表 11－2 的第（1）列至第（6）列回归结果显示，无论是固定效应模型、随机效应模型还是混合回归模型，企业外部融资约束和企业内部融资约束都在1%的显著性水平下对产业升级产生了抑制性影响，且企业外部融资约束对产业升级的总效应为0.8169，企业内部融资约束对产业升级的总效应为0.9336。通过对比这两个系数可以发现，企业内部融资约束更能抑制产业升级，其原因在于企业存在着内部控制缺陷。企业的内部控制缺陷越大，企业面临的融资约束越强，这种加剧的融资约束会抑制企业创新进而抑制产业升级（顾奋玲和解角羊，2018）。

表11－2　融资约束对产业升级影响的总效应

变量	产业升级 tfp					
	固定效应模型		随机效应模型		混合回归模型	
	(1)	(2)	(3)	(4)	(5)	(6)
ofc	1.8745*** (7.07)		0.8540*** (3.60)		0.8169*** (3.37)	
ifc		0.7601*** (11.74)		0.8753*** (13.66)		0.9336*** (14.58)
控制变量	YES	YES	YES	YES	YES	YES
常数项	10.3445	8.0124	10.8612	10.1949	9.3205	8.7822
个体效应	YES	YES	YES	YES	NO	NO
时间效应	YES	YES	YES	YES	NO	NO
N	15120	15120	15120	15120	15120	15120
R^2	0.7188	0.7145	0.7699	0.7787	0.7485	0.7594

注：*、**、***分别表示在10%、5%、1%的水平上显著，括号内表示的是t计量，如无特别说明，以下各表均同。

11.4.2 融资约束对企业创新的影响效应

在确定企业融资约束对产业升级具有显著的抑制性影响后，本章将进一步检验企业融资约束对企业创新的影响，运用固定效应模型、随机效应模型、混合回归模型对式（11－12）进行回归，回归结果如表11－3所示。从表11－3可以看出，企业外部融资约束和企业内部融资约束的系数显著为负，说明企业外部融资约束和企业内部融资约束对企业的创新活动产生显著的促进作用。其原因在于企业存在着研发操纵行为，研发操纵是指企业为了通过高新技术企业认定的相关标准而采取的一种利己决策进而达到获取政府补贴、缓解企业融资约束目的的行为，这种研发操纵行为扭曲了企业的创新决策（马晶梅、赵雨薇、王成东和贾红宇，2020）。

表 11－3　融资约束对企业创新的影响效应

变量	企业创新 r&d					
	固定效应模型		随机效应模型		混合回归模型	
	(1)	(2)	(3)	(4)	(5)	(6)
ofc	−0.0558*** (−3.00)		−0.0578*** (−3.29)		−0.0591*** (−3.38)	
ifc		−0.0075*** (−2.10)		−0.0093** (−2.73)		0.0049* (1.51)
控制变量	YES	YES	YES	YES	YES	YES
常数项	−0.0838	−0.0378	−0.0939	−0.0779	−0.1605	−0.1550
个体效应	YES	YES	YES	YES	NO	NO
时间效应	YES	YES	YES	YES	NO	NO
N	15120	15120	15120	15120	15120	15120
R^2	0.3072	0.3643	0.5402	0.5254	0.3913	0.3804

11.4.3　企业创新对产业升级的影响效应

如前所述，本章预测了融资约束可能会通过影响企业创新进而对产业升级产生影响，为了检验这一效应是否存在，本章对式（11－11）进行了回归，回归结果如表 11－4 所示。表 11－4 的第（1）至第（3）列的回归结果显示，企业创新对产业升级产生了显著的抑制作用，可能的原因在于对于产业发展水平较高的产业，如资本密集型产业来说，自主创新在其研发投入中所占的比重较大，而现阶段中国自主创新产生的经济效益远低于合作创新和模仿创新，这使企业的整体产出效率较低进而不能带动产业的优化升级。

表 11－4 企业创新对产业升级的影响效应

变量	产业升级 tfp		
	固定效应模型	随机效应模型	混合回归模型
	(1)	(2)	(3)
R&D	－1.6597 *** (－5.95)	－1.6349 *** (－6.93)	－1.2410 *** (－5.49)
控制变量	YES	YES	YES
常数项	9.1088	10.7180	9.0476
个体效应	YES	YES	NO
时间效应	YES	YES	NO
N	15120	15120	15120
R^2	0.7071	0.7647	0.7399

11.4.4 融资约束对产业升级的直接效应和间接效应

按照中介效应的检验流程，接下来进一步对式（11－13）进行回归，以检验企业外部融资约束和企业内部融资约束系数的方向性和显著性。与前文相同，本章运用固定效应模型、随机效应模型和混合回归模型对研究样本进行回归，回归结果如表 11－5 所示。表 11－5 的第（1）列至第（6）列的回归结果显示企业外部融资约束和企业内部融资约束在 1% 的显著性水平下抑制了产业升级，且企业外部融资约束和企业内部融资约束对产业升级的间接效应 $\varphi_1\gamma_2$ 为正，这与融资约束对产业升级影响的总效应的系数方向相同，说明融资约束对产业升级的影响效应具体表现为中介效应，中介效应大小为 $\varphi_1\gamma_2/\alpha_1$。

表 11－5 融资约束对产业升级的直接效应和间接效应

变量	产业升级 tfp					
	固定效应模型		随机效应模型		混合回归模型	
	(1)	(2)	(3)	(4)	(5)	(6)
ofc	1.7878 *** (6.69)		0.7684 *** (3.21)		0.7534 *** (3.09)	

续表

变量	产业升级 tfp					
	固定效应模型		随机效应模型		混合回归模型	
	(1)	(2)	(3)	(4)	(5)	(6)
ifc		0.7481*** (11.56)		0.8611*** (13.44)		0.9403*** (14.7)
R&D	-1.5523*** (-5.58)	-1.5943*** (-5.87)	-1.5677*** (-6.74)	-1.5578*** (-6.74)	-1.1566*** (-5.20)	-1.2966*** (-5.90)
控制变量	YES	YES	YES	YES	YES	YES
常数项	10.2145	7.9521	10.7231	10.0718	9.1410	8.5808
个体效应	YES	YES	YES	YES	NO	NO
时间效应	YES	YES	YES	YES	NO	NO
N	15120	15120	15120	15120	15120	15120
R^2	0.7104	0.7043	0.7627	0.7719	0.7415	0.7523

11.4.5 稳健性检验

为了排除反向因果对实证结果的影响，本章将所有控制变量都滞后一期，重新进行回归，回归结果如表 11-6 所示。从表 11-6 可以看出，企业外部融资约束和企业内部融资约束均对产业升级产生了抑制性作用，但企业内部融资约束对产业升级的抑制作用更为显著，这与本书的基准回归结果一致，再次验证了本章回归结果的稳健性。

表 11-6 稳健性检验结果

变量	产业升级 tfp					
	固定效应模型		随机效应模型		混合回归模型	
	(1)	(2)	(3)	(4)	(5)	(6)
ofc	1.4029*** (4.86)		0.3472* (1.51)		0.2704 (0.98)	
ifc		0.4492*** (7.37)		0.4448*** (7.41)		0.4011*** (6.84)

续表

变量	产业升级 tfp					
	固定效应模型		随机效应模型		混合回归模型	
	(1)	(2)	(3)	(4)	(5)	(6)
滞后一期控制变量	YES	YES	YES	YES	YES	YES
常数项	3.9170	2.3796	5.9082	5.7619	5.0986	5.0036
个体效应	YES	YES	YES	YES	NO	NO
时间效应	YES	YES	YES	YES	NO	NO
N	13230	13230	13230	13230	13230	13230
R^2	0.6689	0.6694	0.8276	0.8280	0.8255	0.8250

11.5 企业的异质性检验

由于企业产权性质的不同，融资约束对产业升级的影响也不同，因此本书把研究样本分为国有企业样本和民营企业样本来研究融资约束对产业升级的影响，其回归结果如表 11－7、表 11－8 所示。从表 11－7、表 11－8 可以看出，民营企业的外部融资约束和内部融资约束对产业升级影响的系数明显高于国有企业，说明民营企业受到的融资约束更为严重。一方面，民营企业的政府关联性较弱，使民营企业从银行获取贷款和从政府获得补贴较为艰难；另一方面，民营企业在获取银行贷款以缓解融资约束时面临严重的“金融歧视”（Cull，Xu，2003，2005；Allen et al.，2007）。通过对比国有企业和民营企业外部融资约束和内部融资约束对企业创新的影响系数，发现外部融资约束的系数为负，内部融资约束的系数为正，说明相比于企业内部融资约束，受到外部融资约束的企业更容易通过研发操纵行为缓解融资约束。

表 11-7 国有企业样本的检验结果

变量	模型（1）	模型（2）	模型（3）	模型（4）	模型（5）	模型（6）	模型（7）
	tfp	R&D	tfp	tfp	tfp	R&D	tfp
ofc	0.9074*** (2.17)	-0.0421*** (-3.33)		0.0840* (1.98)			
ifc					0.7840*** (8.83)	0.0042 (1.36)	0.7925*** (9.07)
R&D			-2.3701*** (-4.44)	-2.1900*** (-4.22)			-2.4790*** (-4.61)
控制变量	YES	YES	YES	YES	YES	YES	YES
常数项	10.6917	-0.0824	10.3968	10.5200	9.9439	-0.0819	9.7416
N	4968	4968	4968	4968	4968	4968	4968
R^2	0.7415	0.2548	0.7315	0.7320	0.7632	0.2416	0.7526

表 11-8 民营企业样本检验结果

变量	模型（1）	模型（2）	模型（3）	模型（4）	模型（5）	模型（6）	模型（7）
	tfp	R&D	tfp	tfp	tfp	R&D	tfp
ofc	0.9168*** (3.13)	-0.0752*** (-3.03)		0.8508*** (2.88)			
ifc					0.9649*** (12.50)	0.0007* (1.51)	0.9725*** (12.57)
R&D			-1.0123*** (-4.04)	-0.9393*** (-3.77)			-1.0756*** (-4.45)
控制变量	YES	YES	YES	YES	YES	YES	YES
常数项	8.5765	-0.2175	8.2303	8.3748	7.9969	0.2079	7.7728
N	10152	10152	10152	10152	10152	10152	10152
R^2	0.7086	0.4550	0.7030	0.7009	0.7222	0.4417	0.7143

11.6 结论与政策建议

通过分析融资约束、企业创新、产业升级三者之间的理论关系，本章构建了中介效应模型，并运用逐步回归法对融资约束对产业升级的影响、融资约束对企业创新的影响、企业创新对产业升级的影响进行了实证分析，得到了如下结论：①从总效应来看，融资约束对产业升级具有显著的抑制作用，且企业内部融资约束对产业升级的抑制作用更强；②企业的研发操纵行为使企业融资约束对企业创新产生正向影响，企业中的自主创新活动使用的资金占企业资金的比重较大使企业创新对产业升级产生负向影响，这种负向影响程度超过了正向影响程度最终使融资约束对产业升级产生负向影响；③以产权性质分组的研究表明民营企业受到的融资约束更强，且与企业受到的内部融资约束相比，企业受到的外部融资约束更容易存在研发操纵行为，进而扭曲企业的创新决策。根据以上结论，本书提出以下几点建议：

（1）要内外结合，缓解企业的融资约束，激发企业创新的内生动力进而促进产业的优化升级。一方面，政府应该不断加大对企业的补贴力度，扩大企业创新补贴的覆盖规模，缓解企业的外部融资约束。与此同时，政府应该充分发挥地区的资源整合优势，积极引导社会资金的流入和集聚，保证政府对企业补贴和帮扶的可持续性和连贯性。另一方面，企业要建立完善的内部控制评价和信息披露体系，有效减轻企业存在的信息不对称和代理问题，缓解企业的内部融资约束。与此同时，企业对于其存在的内部控制问题要积极采取针对性的措施整改或者修复内部控制缺陷，从内部解决企业面临的融资约束问题。

（2）要努力遏制企业的研发操纵行为，促进企业创新效率的提高。一方面，对于申请高新技术企业资格的企业，政府要对企业的风险状况、盈利能力、融资规模以及发展水平进行全面系统的评估，谨慎审核企业的评审资格；另一方面，在企业获得高新技术企业认定资格的有效期内，要实时对企业研发资金的使用情况进行密切跟踪，对研发资金的使用效率进行评价，对研发资金的用途进行监督，尤其是要对研发强度处于“补贴门槛值”的那一类企业进行密切关注，防止企业弄虚作假。与此同时，要建立完善的惩罚制度，对于存在研发操纵行为的企业，除了撤销已经获得的高新技术企业认定资格外，还要增加企业研发操纵行为的成本，起到警示作用。除此之外，政府应该根据实际情况适当地调整“补贴门槛值”，激励企业进行技术创新，促进产业结构优化升级。

（3）要不断推进金融改革，破除民营企业与国有企业在政策、金融方面的歧视，从根本上缓解民营企业的融资约束，促进企业创新，推动产业升级。民营企业与国有企业相比，政治关联较弱，在各个方面受到的歧视较多，其中就包括政策性歧视和金融歧视，这些歧视使民营企业从银行获得贷款较为艰难，受到的融资约束较多，使民营企业无法利用充足的资金进行企业创新进而推动产业升级。与民营企业相比，国有企业政治关联较强，受到的政策性歧视和金融歧视较少，国有企业的投资决策更多的取决于政策性目标，因此受到的融资约束较轻。努力破除金融歧视主要在两个方面：一方面，要逐步放松行政管制，消除政策性歧视。具体来说就是要简政放权，转变政府职能，以市场为主导，政府为辅助，发挥市场的最大效用。另一方面，要进一步深化金融改革，消除金融歧视。具体来说就是逐步改善中小企业的生存环境、突破金融行业对民营企业资本进入的限制、消除行业壁垒、促进正式金融与非正式金融的资本结合等。

附 录

附表 A 主要因子得分表

地区	吸引力因子	选择力因子	支撑力因子	发展力因子	综合得分
重庆	1.0903	0.9259	0.0544	3.4194	0.8213
四川	0.4942	0.2972	0.5925	1.4971	0.9928
内蒙古	0.5543	0.1666	0.6455	0.4112	0.4786
陕西	0.1581	0.8071	0.6562	3.2878	0.8582
云南	−0.5485	0.0177	0.0261	−1.4849	−0.2820
贵州	−0.2769	−0.3704	−0.0808	−1.0110	−0.3016
广西	−0.3844	−0.4086	0.2991	−1.3519	−0.0528
甘肃	−0.8267	−0.5897	−0.2203	−1.1038	−0.7235
新疆	−0.1924	−0.1773	−0.3498	−1.0701	−0.3833
宁夏	0.0903	−0.4240	−0.4241	−0.0562	−0.3871
青海	−0.1582	−0.2446	−1.1988	−2.5377	−1.0206

资料来源：笔者整理（原始数据来自国家统计局及各省统计年鉴）。

附表 B KMO 与巴特利特球形检验结果

KMO 与巴特利特球形检验		吸引力	选择力	支撑力	发展力	综合能力
KMO 抽样适合性		0.759	0.678	0.759	0.876	0.612
巴特利特球形检验	近似卡方值	28.158	10.496	58.750	63.373	18.651
	自由度	15	3	21	36	6
	显著性	0.021	0.015	0.000	0.003	0.005

附表 C　2017 年原始数据

地区	A1	A2	A3	A4	A5	A6	A7	A8	A9	A10	A11	A12
重庆	6792	70889	2.1737	24153	17898	101.83	19167	4.78	106.22	17537	12.67	115536
四川	6217	69419	1.6748	20580	16180	91.913	16198	20.14	286.66	31902	13.72	172922
内蒙古	4628	66679	1.1076	26212	18946	31.5	7178	4.82	190.94	14013	23.89	213318
陕西	6840	65181	1.6352	20635	14900	58.9	11613	11.58	224.95	23819	16.32	163079
云南	5919	69106	0.8719	18348	12658	8.2272	17568	5.21	136.02	18936	12.52	129298
贵州	4771	71795	1.4835	16704	12970	38.906	8080	3.8	139.51	15504	12.18	96242
广西	5834	63821	1.1715	19905	13424	8.23	13404	4.02	245.8	20499	17.56	174642
甘肃	5709	63374	0.7254	16011	13120	5.5	2565	2.9	53.13	5827.8	16.51	66204
新疆	4965	67932	1.2086	19975	15087	4.1	7706	2.85	154.17	12089	19.78	84395
宁夏	4544	70298	1.7933	20562	15350	3.114	1796	0.81	72.57	3728.4	21.83	38187
青海	6001	75701	0.9515	19001	15503	0.18	2232	0.9	88.85	3883.6	14.4	17923

地区	A13	A14	A15	A16	A17	A18	A19	A20	A21	A22	A23	A24	A25
重庆	976.56	0.497	10.291	1994.7	63416	565.74	0.4905	7324.8	13.4	68.13	18.992	0.0187	34780
四川	2071.6	1.115	9.8009	2843.3	44544	666.37	0.4977	4309.8	11.66	52.156	14.683	0.0172	64006
内蒙古	568.03	0.9864	6.4739	1695.5	63674	158.62	0.4997	6734.7	4.032	48.28	15.658	0.0067	6271
陕西	1372.6	0.5725	8.0349	713.91	57103	404.39	0.423	5232.6	13.48	74.237	27.119	0.021	34554
云南	1210.3	0.4508	11.198	4391.7	34433	213.95	0.4738	3928.7	12.1	42.095	11.144	0.0095	14230
贵州	938.53	0.8164	8.7156	3009.5	37824	81.175	0.449	4507.9	12.85	55.782	13.38	0.0062	12559
广西	1097	0.51	9.7147	4522.7	41753	526.13	0.4016	3306.3	10.1	54.637	13.695	0.0004	15270
甘肃	634.55	0.9553	8.4035	646.45	29235	52.477	0.5277	3106.4	8.6	50.076	15.689	0.013	9672
新疆	543.78	1.5926	9.2757	4596.1	44663	304.6	0.4521	5998	6.9	42.413	12.393	0.0039	8094
宁夏	235.78	1.6761	8.8985	142.96	50644	43.26	0.4668	6123	1.68	50.88	17.155	0.0113	4244
青海	179.47	1.5902	10.26	10376	44194	4.5028	0.4631	4117.1	4.96	32.776	11.538	0.0018	1580

资料来源：笔者整理（原始数据来自国家统计局及各省统计年鉴）。

附表 D　2017 年标准化数据

地区	B1	B2	B3	B4	B5	B6	B7	B8	B9	B10	B11	B12
重庆	-1.232	-0.663	1.897	1.344	1.380	1.886	1.498	-0.150	-0.643	0.263	-0.966	-0.001
四川	-0.725	-0.280	0.775	0.132	0.534	1.618	1.025	2.590	1.762	1.911	-0.701	0.929
内蒙古	1.330	0.480	-0.571	2.042	1.896	-0.014	-0.414	-0.143	0.487	-0.142	1.872	1.583
陕西	-1.270	0.922	0.551	0.151	-0.096	0.726	0.293	1.063	0.940	0.983	-0.043	0.769

续表

地区	B1	B2	B3	B4	B5	B6	B7	B8	B9	B10	B11	B12
云南	-0.423	-0.196	-1.020	-0.624	-1.199	-0.643	1.243	-0.073	-0.245	0.423	-1.004	0.222
贵州	1.089	-0.891	0.326	-1.182	-1.046	0.186	-0.270	-0.325	-0.199	0.029	-1.090	-0.314
广西	-0.332	1.342	-0.347	-0.097	-0.822	-0.643	0.579	-0.285	1.218	0.602	0.271	0.957
甘肃	-0.192	1.484	-1.468	-1.417	-0.972	-0.717	-1.150	-0.485	-1.350	-1.081	0.005	-0.801
新疆	0.785	0.125	-0.347	-0.073	-0.003	-0.755	-0.330	-0.494	-0.004	-0.363	0.833	-0.506
宁夏	1.479	-0.511	0.999	0.126	0.126	-0.782	-1.272	-0.858	-1.091	-1.322	1.351	-1.255
青海	-0.509	-1.814	-0.795	-0.403	0.201	-0.861	-1.203	-0.842	-0.874	-1.304	-0.529	-1.583

地区	B13	B14	B15	B16	B17	B18	B19	B20	B21	B22	B23	B24	B25
重庆	0.152	1.218	-0.783	-0.411	1.504	1.242	0.630	1.672	1.047	1.390	0.757	1.258	0.864
四川	2.149	-0.579	-0.509	-0.116	-0.174	1.671	0.829	-0.470	0.626	0.018	-0.201	1.042	2.430
内蒙古	-0.594	-0.416	2.445	-0.515	1.527	-0.495	0.885	1.252	-1.217	-0.315	0.016	-0.469	-0.664
陕西	0.874	0.728	0.754	-0.857	0.943	0.553	-1.238	0.185	1.066	1.915	2.562	1.590	0.852
云南	0.578	1.544	-1.226	0.423	-1.073	-0.259	0.168	-0.741	0.732	-0.847	-0.987	-0.068	-0.237
贵州	0.082	-0.089	0.207	-0.058	-0.771	-0.825	-0.518	-0.329	0.914	0.329	-0.490	-0.540	-0.327
广西	0.371	1.218	-0.458	0.469	-0.422	1.073	-1.830	-1.183	0.249	0.231	-0.420	-1.381	-0.182
甘肃	-0.472	-0.416	0.447	-0.880	-1.535	-0.948	1.659	-1.325	-0.113	-0.161	0.023	0.436	-0.482
新疆	-0.638	-1.069	-0.184	0.494	-0.163	0.128	-0.432	0.729	-0.524	-0.820	-0.709	-0.877	-0.566
宁夏	-1.200	-1.069	0.074	-1.056	0.369	-0.987	-0.026	0.818	-1.786	-0.092	0.349	0.187	-0.773
青海	-1.302	-1.069	-0.766	2.506	-0.205	-1.152	-0.128	-0.607	-0.993	-1.648	-0.899	-1.178	-0.915

资料来源：笔者整理（原始数据来自国家统计局及各省统计年鉴）。

附表 E　西部 11 省产业转移指数

年份 \ 地区	内蒙古	广西	重庆	四川	贵州	云南	陕西	甘肃	青海	宁夏	新疆
2000	0.592	0.59	0.597	0.6	0.611	0.561	0.626	0.57	0.639	0.642	0.699
2001	1.038	0.976	1.02	0.952	0.998	0.964	1.028	1.008	1.069	1.032	0.99
2002	1.058	0.993	1.035	1.027	1.029	0.982	1.032	1.003	1.06	1.024	0.97
2003	1.187	1.036	1.048	1.015	1.083	0.997	1.087	1.017	1.062	1.127	1.052
2004	1.231	1.15	1.087	1.068	1.11	1.106	1.125	1.123	1.109	1.122	1.14
2005	1.03	0.908	0.825	0.883	0.895	0.844	1.01	0.856	0.902	0.909	0.893
2006	1.157	1.096	1.051	1.085	1.046	1.054	1.163	1.097	1.103	1.096	1.104

续表

地区/年份	内蒙古	广西	重庆	四川	贵州	云南	陕西	甘肃	青海	宁夏	新疆
2007	1.178	1.122	1.096	1.069	1.018	1.041	1.056	1.066	1.097	1.123	0.981
2008	1.233	1.14	1.171	1.136	1.117	1.088	1.18	1.047	1.154	1.171	1.153
2009	1.086	1.009	1.285	1.051	0.95	0.955	1	0.941	0.985	1.033	0.838
2010	0.905	0.97	0.919	0.939	0.886	0.907	0.934	0.945	0.941	0.909	0.976
2011	1.14	1.136	1.149	1.149	1.101	1.059	1.151	1.082	1.183	1.152	1.124
2012	1.011	1.016	0.995	1.032	1.126	1.079	1.074	1.009	1.034	1.013	0.996
2013	0.956	1.017	0.992	1.02	1.122	1.033	1.022	1.005	1.021	1.01	1.002
2014	0.935	0.994	0.95	0.957	1.107	0.998	1.001	0.966	0.954	0.987	0.976
2015	0.933	0.996	1.023	0.897	1.016	0.969	0.896	0.806	0.924	0.972	0.861
2016	0.894	1.009	1.051	0.955	1.059	0.989	0.983	0.949	0.974	1.015	0.954
2017	0.707	0.85	1.026	1.006	1.098	1.03	1.083	0.962	0.878	1.003	1.122
2018	1.005	1.024	0.917	1.01	1.002	1.059	1.056	1.031	1.014	0.987	1.074

资料来源：笔者整理（原始数据来自国家统计局）。

参考文献

[1] Allen F., J. Qian, M. Qian. China's Financial System: Past, Present, and Future [R]. University of Pennsylvania, Working Paper, 2007 (3).

[2] Arthue J. External Trade in Developing Economies [J]. NBER, Working Paper, 2001 (11).

[3] Baron R. M., Kenny D. A. The Moderator – mediator Variable Distinction in Social Psychological Research: Conceptual, Stratygic, and Statistical Considerations [J]. Journal of Personality and Social Psychology, 1986 (51).

[4] Bertrand M., E. Duflo and S. Mullainathan. How Much Should We Trust Differences – in – Differences Estimates [J]. Quaterly Journal of Economics, 2004, 119 (1).

[5] Boler E. A., A. Moxnes and K. H. Ultveit – Moe. R&D, International Sourcing, and the Joint Impact on Firm Performance [J]. American Economic Review, 2015, 105 (12).

[6] Chery Long, Xiaobo Zhang. Cluster – based Industrialization in China: Financing and Performance [J]. Journal of International Economics, 2011, 84 (1).

[7] Cull R., L. C. Xu. Institutions, Ownership, and Finance: The Determinants of Profit Reinvestment among Chinese Firms [J]. Journal of Financial Economics, 2005, 77 (1).

[8] David B. Audretsch, Maryann P. Feldman. Innovative Clusters and the Industry Life Cycle [J]. Review of Industrial Organization, 1996, 11 (2).

[9] Gorodnichenko Y., Schnitzer M. Financial Constraints and Innovation:

Why Poor Countries don't Catch up [J]. Journal of the European Economic Association, 2013, 11 (5).

[10] Heck J. J., H. Ichimura, P. E. Todd. Matching as an Econometric Evaluation Estimator: Evidence from the Self-employed [J]. Review of Economic Studies, 1997, 64 (4).

[11] Hatta T. Competition Policy vs Industrial Policy as a Growth Strategy [J]. China Economical Journal, 2017, 10 (2).

[12] Helen McKeon, Kate Johnston, Colette Henry. Multinational Companies as a Source of Entrepreneurial Learning: Examples from the IT Sector in Ireland [J]. Education + Training, 2004, 46 (8/9).

[13] James L. R., Brett J. M. Mediators, Moderators and Tests for Mediation [J]. Journal of Applied Psychology, 1984, 69 (2).

[14] John H. Dunning. The Paradigm of International Production [J]. Journal of International Business Studies, 1988, 19 (1).

[15] Jouke van Dijk, Piet H. Pellenbarg. Firm Relocation Decisions in the Netherlands: An Ordered Logit Approach [J]. Papers in Regional Science, 2000, 79 (2).

[16] Leonard K. Cheng, Yum K. Kwan. What are the Determinants of the Location of Foreign Direct Investment? The Chinese Experience [J]. Journal of International Economics, 2000, 51 (2).

[17] Louis S. Jacobson, Robert J. LaLonde, Daniel G. Sullivan. Earnings Losses of Displaced Workers [J]. The American Economic Review, 1993, 83 (4).

[18] Lu Y., J. Wang, L. Zhu. Do Place-based Policies Work? Micro-level Evidence from China's Economic Zone Program [R]. SSRN Working Paper, 2015.

[19] Lucas R. E. On the Mechanics of Economic Development [J]. Journal of Monetary Economics, 1989, 22 (1).

[20] Maloney W., G. Nayyar. Industrial Policies in a Changing World [J].

The World Bank Research Observer, 2018, 33 (2) .

[21] Noland M. Industrial Policy, Innovation Policy, and Janpanese Competiveness [J] . IIE Working Paper, 2007 (5) .

[22] Potor Michael E. Competitve Strategy [M] . New York: The Free Press, 1999.

[23] Prebisch R. Relationships among Population Growth, Capital Formation and Employment Opportunities in Developing Countries [J] . Notas de población, 1991, 19 (54) .

[24] Raymond Vernon. International Investment and International Trade in the Product Cycle [J] . The Quarterly Journal of Economics, 1966, 80 (2) .

[25] Richardson S. Over – investment of Free Cash Flow [J] . Review of Accounting Studies, 2006, 11 (2 – 3) .

[26] Romer, Paul M. Increasing Returns and Long – run Growth [J] . Journal of Political Economy, 1986, 95 (5) .

[27] Rosenbaum P. R. , D. B. Robin. The Central Role of the Propensity Score in Observational Studies for Caused Effects [J] . Biometrika, 1983, 70 (1) .

[28] Sanjaya Lall, Sharif Mohammad. Foreign Ownership and Export Performance in the Large Corporate Sector of India [J] . Journal of Development Studies, 1983, 21 (1) .

[29] Stiglitz J. E. Some Lessons from the East Asian Miracle [J] . The World Bank Research Observer, 1996, 11 (2) .

[30] Solow R. M. A Contribution to the Theory of Economic Growth [J] . The Quarterly Journal of Economics, 1956, 70 (1) .

[31] Sung Jin Kang, Hong Shik Lee. The Determinants of Location Choice of South Korean FDI in China [J] . Japan & the World Economy, 2006, 19 (4) .

[32] Thosten Beck, Ross Levine, Alexey Levkov. Big Bad Banks? The Winners and Losers from Bank Deregulation in the United States [J] . The Journal of Finance, 2010, 65 (5) .

［33］ Vandenberghe V.， S. Robin. Evaluating the Effectiveness of Private Education across Countries：A Comparison of Methods ［J］. Labour Economics，2004，11（4）.

［34］ Yeong－Hyun Kim. Beyond Metropolis：The Planning and Governance of Asia's Mega－Urban Regions ［J］. The Journal of Asian Studies，2007，66（1）.

［35］ 阿瑟．刘易斯．国际经济秩序的演变［M］．北京：商务印书馆，1984.

［36］ 包则庆，林继杨．技术创新、工资增长与产业结构升级［J］．东南学术，2020（3）．

［37］ 步丹璐，屠长文，石翔燕．政府竞争、股权投资与政府补助［J］．会计研究，2018（4）．

［38］ 蔡昉．坚持在结构调整中扩大就业［J］．求是，2009（5）．

［39］ 蔡昉，王德文，曲玥．中国产业升级的大国雁阵模型分析［J］．经济研究，2009，44（9）．

［40］ 曹清峰．国家级新区对区域经济增长的带动效应——基于70大中城市的经验证据［J］．中国工业经济，2020（7）．

［41］ 曹春方，马连福，沈小秀．财政压力、晋升压力与地方国企过度投资［J］．经济学（季刊），2014（3）．

［42］ 陈耿，刘星，辛清泉．信贷歧视、金融发展与民营企业银行借款期限结构［J］．会计研究，2015（4）．

［43］ 陈林，伍海军．国内双重差分法的研究现状与潜在问题［J］．数量经济技术经济研究，2015（7）．

［44］ 陈建军．中国现阶段的产业区域转移及其动力机制［J］．中国工业经济，2002（8）．

［45］ 陈晋玲．我国对外贸易结构优化对产业结构升级影响研究［J］．商业经济研究，2014（10）．

［46］ 陈文俊．战略性新兴产业真的促进了创新绩效吗？——来自生物医药上市公司的准自然实验［J］．科研管理，2020，41（4）．

［47］程李梅，庄晋财，李楚，陈聪．产业链空间演化与西部承接产业转移的“陷阱突破”［J］．中国工业经济，2013（8）．

［48］戴宏伟．产业梯度产业双向转移与中国制造业发展［J］．经济理论与经济管理，2006（12）．

［49］丁辉侠，冯宗宪．制度作为区位优势对中国吸引外商直接投资的影响——以引力模型为基础的实证分析［J］．经济经纬，2007（2）．

［50］范巧，郭爱君．国家级新区辐射带动力及其实现机制研究［J］．经济体制改革，2018（5）．

［51］范子英，田彬彬．税收竞争、税收执法与企业避税［J］．经济研究，2013，48（9）．

［52］范海峰，周小春．管理层持股、融资约束与创新绩效——基于融资约束中介作用的实证研究［J］．科研管理，2020，41（3）．

［53］范德成，方璘，宋志龙．不同技术创新路径与产业结构升级动态互动关系研究［J］．科技进步与对策，2020（5）．

［54］冯根福，刘志勇，蒋文定．我国东中西部地区间工业产业转移的趋势、特征及形成原因分析［J］．当代经济科学，2010，32（2）．

［55］顾奋玲，解角羊．内部控制缺陷、审计师意见与企业融资约束［J］．会计研究，2018（12）．

［56］郭宏，李婉丽，高伟伟．政治治理、管理层权力与国有企业过度投资［J］．管理工程学报，2020（2）．

［57］郭丽娟，邓玲．我国西部地区承接产业转移存在的问题及对策［J］．经济纵横，2013（8）．

［58］郝寿义，曹清峰．国家级新区在区域协同发展中的作用——再论国家级新区［J］．南开学报（哲学社会科学版），2018（2）．

［59］韩永辉，王亮维，王贤彬．产业政策推动地方产业结构升级了吗？——基于发展型地方政府的理论解释与实证检验［J］．经济研究，2017（8）．

［60］何熙琼，尹长萍，毛洪涛．产业政策对企业投资效率的影响及作用

机制研究［J］. 南开管理评论，2016（5）.

［61］黄启才. 自贸试验区设立促进外商直接投资增加了吗？——基于合成控制法的研究［J］. 宏观经济研究，2018（4）.

［62］江飞涛，李晓萍. 直接干预市场与限制竞争：中国产业政策的取向与根本缺陷［J］. 中国工业经济，2010（9）.

［63］金宇超，施文，唐松，靳庆鲁. 产业政策中的资金配置：市场力量与政府扶持［J］. 财经研究，2018，44（4）.

［64］李国平，杨开忠. 外商对华直接投资的产业与空间转移特征及其机制研究［J］. 地理科学，2000（2）.

［65］李荣林，姜茜. 我国对外贸易结构与产业结构的相关性分析［J］. 经济问题，2010（5）.

［66］李绍荣，李雯轩. 我国区域间产业集群的"雁阵模式"——基于各省优势产业的分析［J］. 经济学动态，2018（1）.

［67］林桂军，黄灿. 出口产业向中西部地区转移了吗——基于省际面板数据的经验分析［J］. 国际贸易问题，2013（12）.

［68］李勇. 基于投入产出的中国区域间产业转移研究［J］. 学术论坛，2015，38（7）.

［69］黎文靖，李耀淘. 产业政策激励了公司投资吗［J］. 中国工业经济，2014（5）.

［70］林毅夫，刘培林. 自生能力和国企改革［J］. 经济研究，2001（9）.

［71］林毅夫，刘培林. 中国的经济发展战略与地区收入差距［J］. 经济研究，2003（3）.

［72］刘红光，刘卫东，刘志高. 区域间产业转移定量测度研究［J］. 中国工业经济，2011（6）.

［73］刘晴，程玲，邵智，陈清萍. 融资约束、出口模式与外贸转型升级［J］. 经济研究，2017（5）.

［74］刘瑞明，赵仁杰. 国家高新区推动了地区经济发展吗？——基于双重差分方法的验证［J］. 管理世界，2015（8）.

［75］刘祥生．边际产业扩张理论介评及其启示［J］．国际贸易问题，1992（12）．

［76］刘友金，曾小明．房产税对产业转移的影响：来自重庆和上海的经验证据［J］．中国工业经济，2018（11）．

［77］刘志雄．母公司控股、融资约束与企业创新投入［J］．科技进步与对策，2020，37（7）．

［78］柳天恩，田学斌，曹洋．国家级新区影响地区经济发展的政策效果评估——基于双重差分法的实证研究［J］．财贸研究，2019，30（6）．

［79］卢根鑫．试论国际产业转移的经济动因及其效应［J］．上海社会科学院学术季刊，1994（4）．

［80］罗党论，应千伟，常亮．银行授信、产权与企业过度投资［J］．世界经济，2012（3）．

［81］罗若愚，何慧玲，张龙鹏．中国西部地区产业承接能力的区域差异与政府间合作治理研究［J］．电子科技大学学报（社会科学版），2014，16（2）．

［82］罗勇．中国制造业集聚程度变动趋势实证研究［J］．经济研究，2005（8）．

［83］罗知，赵奇伟，严兵．约束机制和激励机制对国有企业长期投资的影响［J］．中国工业经济，2015（10）．

［84］马晶梅，赵雨薇，王成东，贾红宇．融资约束、研发操纵与企业创新决策［J］．科研管理，2020，41（12）．

［85］马子红．基于成本视角的区际产业转移动因分析［J］．财贸经济，2006（8）．

［86］马莹，褚淑贞．我国中西部地区医药产业转移承接能力研究［J］．广东药科大学学报，2018，34（3）．

［87］米银霞．企业跨行业转移：驱动地区产业转型升级［N］．中国社会科学报，2018－09－12.

［88］牛文育．论技术引进对外贸和产业结构的影响［J］．兰州学刊，1995（5）．

［89］潘洪波，余明桂．集团化、银行贷款与资金配置效率［J］．金融研究，2010（10）．

［90］裴长洪．全球治理视野的新一轮开放尺度：自上海自贸区观察［J］．改革，2013（12）．

［91］彭建，魏海，李贵才，陈昕，袁媛．基于城市群的国家级新区区位选择［J］．地理研究，2015，34（1）．

［92］齐建明，孙旭杰．贸易与产业结构双轮驱动下的中国经济增长方式——基于 VAR 模型的实证分析［J］．求索，2013（4）．

［93］邱述兵，于维洋．中部六省区区域能源效率测度与评价［J］．统计与决策，2014（14）．

［94］朴银哲，安虎森．我国综合功能开发区创新型发展模式探索——浦东新区与滨海新区开发模式比较分析［J］．求索，2012（8）．

［95］盛斌．天津自贸区：制度创新的综合试验田［J］．国际贸易，2015（1）．

［96］邵帅，齐中英．西部地区的能源开发与经济增长——基于“资源诅咒”假说的实证分析［J］．经济研究，2008（4）．

［97］宋凌云，王贤彬．重点产业政策、资源重置与产业生产率［J］．管理世界，2013（12）．

［98］苏华，胡田田，黄麟堡．中国各区域产业承接能力的评价［J］．统计与决策，2011（5）．

［99］孙世民，展宝卫．产业转移承接力的形成机理与动力机制［J］．改革，2007（10）．

［100］孙晓华，王昀．对外贸易结构带动了产业结构升级吗？——基于半对数模型和结构效应的实证检验［J］．世界经济研究，2013（1）．

［101］孙元欣．外资负面清单管理的国际镜鉴：上海自贸区例证［J］．改革，2014（10）．

［102］谭凌波，谢晋宇，陈扬．人力资源经理的议题营销过程及策略研究［J］．管理世界，2013（2）．

［103］谭劲松，冯飞鹏，余伟航．产业政策与企业研发投资［J］．会计研究，2017（10）．

［104］谭娜，周先波，林建浩．上海自贸区的经济增长效应研究——基于面板数据下的反事实分析方法［J］．国际贸易问题，2015（10）．

［105］唐雪松，周晓苏，马如静．政府干预、GDP 增长与地方国企过度投资［J］．金融研究，2010（9）．

［106］万永坤．西部欠发达地区产业转移承接效应的实证分析［J］．兰州大学学报［J］．2011（3）．

［107］万源星，许永斌．高新认定办法、研发操纵与企业技术创新效率［J］．科研管理，2019，40（4）．

［108］汪斌．经济全球化背景下中国产业结构的战略性调整［J］．财贸经济，2001（12）．

［109］王佳宁，罗重谱．国家级新区管理体制与功能区实态及其战略取向［J］．改革，2012（3）．

［110］王志锋，谭昕，郑亮，费佳云．国家级新区对经济发展的影响及作用机制——基于区县数据的证据［J］．城市发展研究，2019，26（6）．

［111］王子龙等．产业集聚水平测度的实证研究［J］．中国软科学，2006（3）．

［112］王克敏，刘静，李晓溪．产业政策、政府支持与公司投资效率研究［J］．管理世界，2017（3）．

［113］温忠麟，叶宝娟．中介效应分析：方法和模型发展［J］．心理社会科学，2014，22（5）．

［114］吴传清，陈晓．长江中上游地区产业转移承接能力研究［J］．经济与管理，2017，31（5）．

［115］夏禹龙，刘吉，冯之浚，张念椿．梯度理论和区域经济［J］．科学学与科学技术管理，1983（2）．

［116］晓林．但看如何拿捏“产业转移”［J］．改革，2009（2）．

［117］［日］小岛清．对外贸易论［M］．天津：南开大学出版社，1987.

［118］肖金成，安树伟．从区域非均衡发展到区域协调发展——中国区域发展40年［J］．区域经济评论，2019（1）．

［119］项后军，何康．自贸区的影响与资本流动——以上海为例的自然实验研究［J］．国际贸易问题，2016（8）．

［120］颜银根．农村剩余劳动力培训能促进产业转移吗？［J］．财经研究，2017，43（6）．

［121］杨国超，刘静，廉鹏，芮萌．减税激励、研发操纵与研发绩效［J］．经济研究，2017，52（8）．

［122］杨小军，何京玲．基于公平与效率视角的我国区域经济发展战略演进［J］．商业研究，2009（5）．

［123］杨源源，于津平，杨栋旭．融资约束阻碍战略性新兴产业高端化了吗？［J］．经济评论，2018（5）．

［124］殷华，高维和．自由贸易试验区产生了“制度红利”效应吗？——来自上海自贸区的证据［J］．财经研究，2017，43（2）．

［125］尹磊．西部地区承接东部产业转移的相关问题及对策研究［J］．改革与战略，2010（7）．

［126］余明桂，钟慧洁，范蕊．民营化、融资约束与企业创新——来自中国工业企业的证据［J］．金融研究，2019（4）．

［127］余明桂，范蕊，钟慧洁．中国产业政策和企业技术创新［J］．中国工业经济，2016（12）．

［128］余颖丰．化解改革瓶颈：关于上海自贸试验区金融改革思考及政策建议［J］．经济学动态，2013（11）．

［129］袁航，朱承亮．国家高新区推动了中国产业结构转型升级吗［J］．中国工业经济，2018（8）．

［130］袁航，朱承亮．政府研发补贴对中国产业结构转型升级的影响：推手还是拖累？［J］．财经研究，2020（9）．

［131］晁恒，马学广，李贵才．尺度重构视角下国家战略区域的空间生产策略——基于国家级新区的探讨［J］．经济地理，2015，35（5）．

［132］赵宏波，苗长虹，冯渊博，李苛．河南省产业转移承接力时空格局与优化路径分析［J］．经济地理，2017，37（12）．

［133］展宝卫．产业转移承接能力建设概论［M］．济南：泰山出版社，2006.

［134］张阿城，于业芹．自贸区与城市经济增长［J］．经济问题探索，2020（10）．

［135］张晨光，孙占芳．滨海新区与浦东新区的比较分析［J］．天津财经大学学报，2008（10）．

［136］张建伟，苗长虹，肖文杰．河南省承接产业转移区域差异及影响因素［J］．经济地理，2018，38（3）．

［137］张理娟，张晓青，姜涵，刘畅．中国与“一带一路”沿线国家的产业转移研究［J］．世界经济研究，2016（6）．

［138］张其仔．中国能否成功地实现雁阵式产业升级［J］．中国工业经济，2014（6）．

［139］张伟．论后发优势对后发国家对外贸易的促进作用［J］．经济纵横，2003（2）．

［140］张晓宁，金桢栋．产业优化、效率变革与国家级新区发展的新动能培育［J］．改革，2018（2）．

［141］张新民，张婷婷，陈德球．产业政策、融资约束与企业投资效率［J］．会计研究，2017（4）．

［142］张璇，李子健，李春涛．银行业竞争、融资约束与企业创新——中国工业企业的经验证据［J］．金融研究，2019（10）．

［143］张亚斌．中国所有制结构与产业结构的耦合研究［M］．北京：人民出版社，2000.

［144］张幼文．自贸区试验与开放型经济体制建设［J］．学术月刊，2014，46（1）．

［145］郑思齐，孙伟增，吴璟，武赟．“以地生财，以财养地”——中国特色城市建设投融资模式研究［J］．经济研究，2014，49（8）．

［146］郑鑫，陈耀．运输费用、需求分布与产业转移——基于区位论的模型分析［J］．中国工业经济，2012（2）．

［147］钟昌标．外贸对区域产业结构演进的效应［J］．数量经济技术经济研究，2000（10）．

［148］周燕，潘遥．财政补贴与税收减免——交易费用视角下的新能源汽车产业政策分析［J］．管理世界，2019，35（10）．

［149］朱新天，詹静．关于区域经济与区域金融问题的探讨［J］．金融研究，1993（9）．

［150］祝树金，汤超．企业上市对出口产品质量升级的影响［J］．中国工业经济，2020（2）．

［151］祝继高，陆正飞．融资需求、产权性质与股权融资歧视——基于企业上市问题的研究［J］．南开管理评论，2012（4）．